FRANCES BOSWELL & BEATRIZ DA COSTA

80 BELIEBTE
Bowls AUS ALLER WELT

»»» TAKE EAT EASY «««

SCHAUMLÖFFEL

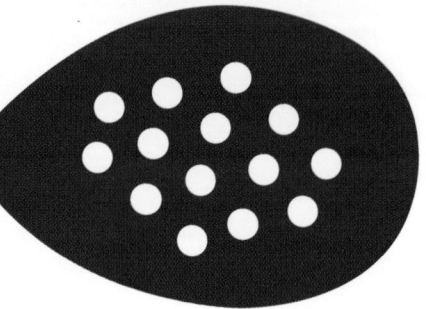

SCHARFES MESSER

DIE WENIGEN UTENSILIEN, DIE SIE
FÜR DIESES BUCH BRAUCHEN

OFENFORM

HOHER STIELTOPF MIT DECKEL

SCHNEIDEBRETT

INHALT

VEGANE BOWLS

Glauben Sie etwa auch, dass die pflanzliche Ernährung immer mit Verzicht einhergeht? Dann müssen Sie unbedingt unsere Bowls kennenlernen! Lassen Sie sich von dem göttlichen Mix aus farbenfrohem, frischem Gemüse, eiweißreichen Hülsenfrüchten, köstlichem Getreide, aufregenden Geschmacksnoten und außergewöhnlichen Texturen begeistern. Gleichzeitig sind unsere Bowls auch noch unglaublich gesund – die vegane Ernährung sorgt dafür, dass man weniger anfällig für Diabetes, Fettleibigkeit, Herzkrankheiten und Krebs ist.

Aber keine Sorge: Hier geht es weder um kulinarische Enthaltsamkeit noch um freudloses Essen. Die einzige echte Beschränkung ist durch die Größe der Bowl vorgegeben. Sie sollten sich daher für eine schöne Keramikschüssel entscheiden,

die ein günstiges Verhältnis zwischen Breite und Tiefe aufweist, sodass die einzelnen Komponenten problemlos nebeneinander angerichtet werden können. So findet jede Zutat ausreichend Platz und kommt gebührend zur Geltung. Wer bei veganen Bowls an Komposthaufen denkt, liegt völlig falsch. Freuen Sie sich auf ästhetische, komplexe Geschmacks- und Farbkombinationen.

Trotz der Vorgaben, die mit veganer Ernährung einhergehen, sind Ihrer Kreativität keine Grenzen gesetzt. Worauf warten Sie noch? Legen Sie einfach los und probieren Sie die ganze Vielfalt angesagter Zutaten aus – vom eingelegten Gemüse aus dem Hofladen über raffinierte Chutneys bis hin zu exotisch klingenden Relishes. Schon ein Löffel davon kann ein einfaches Röstgemüse zu einem wahren Geschmackserlebnis machen! Für ein weiteres Highlight in der Bowl sorgen getrocknete Hülsenfrüchte und Getreidekörner, die es in allen möglichen Formen und Größen gibt. Sie haben ihren ganz eigenen Geschmack und ihre spezielle Konsistenz und zeugen von der Jahreszeit, in der sie geerntet wurden. Und last, but not least sind da noch Nüsse und Samen, mit denen das Leben einer Pflanze beginnt und auch wieder endet, vom Keimen bis zur Blüte. All das kann in einem einzigen Bissen kombiniert und gekostet werden, was diese Bowls so besonders und unglaublich lecker macht.

DIE ZUSAMMENSTELLUNG DER PERFEKTEN BOWL

Halten Sie sich an diese einfachen Arbeitsschritte und stellen Sie ein vollwertiges pflanzliches Gericht zusammen, das nicht nur köstlich schmeckt, sondern auch noch sehr gesund ist.

1.

MIT DER BASIS BEGINNEN

Wählen Sie Reis, Vollkorngetreide oder Hülsenfrüchte als Basis für Ihre Bowl (oder mischen Sie mehrere dieser Basiszutaten). Gehen Sie bei der Zubereitung der Zutaten sorgfältig vor, denn sie tragen am Ende zum vielschichtigen Geschmack und zur Textur Ihrer Bowl bei.

2.

DIE BASIS VORBEREITEN

Falls nötig, Einweichzeit für die Hülsenfrüchte einplanen. Die meisten Hülsenfrüchte müssen über Nacht in reichlich frischem, kaltem Wasser einweichen. Wenn die Zeit knapp ist, tut es im Notfall aber auch die Dosenvariante.

3.

DAS GEMÜSE AUSSUCHEN & ZUBEREITEN

Bereiten Sie das Gemüse schonend zu. Verwenden Sie nach Möglichkeit frische Produkte in Bioqualität. Rösten, braten oder dämpfen Sie das Gemüse vorschriftsmäßig. Achten Sie darauf, das Gemüse gut zu würzen, denn es nimmt eine zentrale Rolle in der Bowl ein. Jede einzelne Komponente sollte auch allein gut schmecken.

4.

NÜSSE & SAATEN HINZUFÜGEN

Nüsse, Kerne und Samen sind wichtige gesunde Bestandteile der Bowl, da sie Proteine und hochwertige Fette liefern. Wählen Sie rohe, ungesalzene Nüsse, Kerne und Samen, die leicht im Handel zu bekommen sind und die dann wie angegeben geröstet und gewürzt werden. Nüsse und Saaten verleihen den Bowls eine angenehm knackige Note, daher sollten Sie an dieser Stelle nicht sparsam sein.

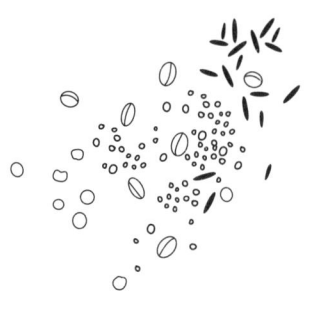

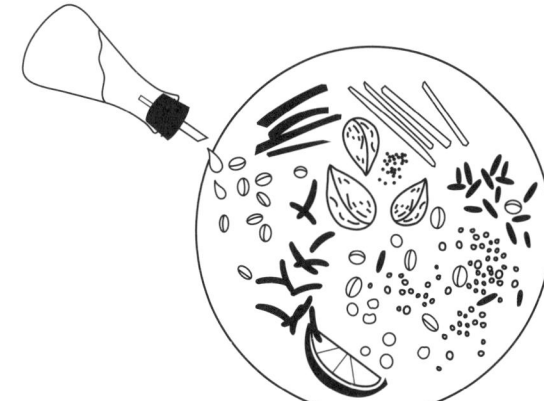

5.

DRESSING, SAUCE ODER VINAIGRETTE AUSWÄHLEN

Die meisten Salatsaucen lassen sich im Voraus zubereiten und manche von ihnen profitieren sogar davon, wenn sie ein paar Tage im Kühlschrank durchziehen können. Saucen sind ein entscheidender Bestandteil, denn sie geben der Bowl noch mehr Geschmack, Textur und Aroma. Das gilt auch für Fertigsaucen.

6.

DAS ANRICHTEN DER BOWLS UNMITTELBAR VOR DEM SERVIEREN

Obwohl die meisten Bestandteile der Bowl im Voraus zubereitet werden können, sollte das Anrichten der Zutaten in der Schüssel erst unmittelbar vor dem Servieren stattfinden. Zuvor bitte nochmals prüfen, ob alles gut gewürzt ist, und sicherstellen, dass alle Komponenten tischfertig sind. Der letzte Spritzer Olivenöl und die letzte Prise Pfeffer und Salz sind für die Bowl, was die Glasur für den Kuchen ist – das i-Tüpfelchen.

7.

AUCH AUF DIE OPTIK KOMMT ES AN!

Unsere Bowls versorgen den Körper nicht nur mit wertvollen Nährstoffen, sondern regen auch den Geist und die Sinne an. Die Zutaten der Bowls sollen leuchten und wie Edelsteine glänzen, deshalb die Rezepte, wenn nötig, abwandeln und weitere Farbakzente und Highlights hinzufügen.

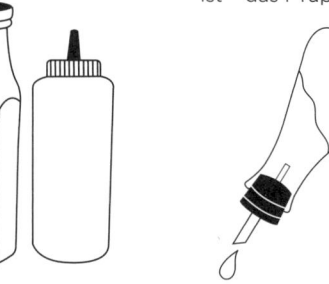

WIE MAN GETREIDE, HÜLSENFRÜCHTE & SAMEN ZUM KEIMEN BRINGT

Alle Getreidekörner, Hülsenfrüchte und Samen (wie z.B. Mungbohnen und Kichererbsen) können innerhalb weniger Tage zum Keimen gebracht werden. Das erhöht ihren Vitamin- und Mineralstoffgehalt um ein Vielfaches und macht sie unglaublich nahrhaft. In der Regel verzehrt man die Keimlinge roh, aber sie lassen sich auch kochen und ergeben so ein mild-süßes, gut bekömmliches Gericht. Sprossen sollen eine reinigende und entschlackende Wirkung auf den Körper haben. Im Handel sind spezielle Keimgläser erhältlich, aber ein einfaches Einmachglas eignet sich ebenfalls.

EINWEICHEN

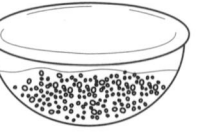

200 g Vollkorngetreide, Hülsenfrüchte oder Samen an einem kühlen Ort (aber nicht im Kühlschrank) 12 Std. in 500 ml Wasser einweichen.

ABTROPFEN & ABSPÜLEN

Die eingeweichten Körner, Hülsenfrüchte oder Samen abtropfen lassen und unter fließendem kaltem Wasser abspülen, dann in ein Einmachglas geben und die Öffnung mit einigen Lagen Mullstoff abdecken, die mit einem Gummiring befestigt werden.

DIE RICHTIGE POSITION

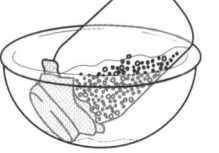

Das Glas verkehrt herum und leicht schräg in eine Schüssel oder einen tiefen Teller stellen, sodass alles Restwasser abfließen kann. An einem vor direktem Sonnenlicht geschützten Ort aufbewahren.

ABSPÜLEN

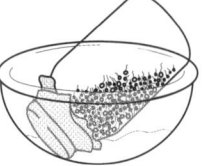

Die Keimlinge alle 12 Std. unter fließendem kaltem Wasser abspülen und zurück ins Glas füllen, dann wieder verkehrt herum in die leicht schräge Position bringen. Die Sprossen sind fertig, wenn sie mindestens so groß wie die Getreidekörner, Hülsenfrüchte bzw. Samen selbst sind. Der Keimvorgang kann je nach Sprossenart und Witterung 1–3 Tage in Anspruch nehmen.

KÜHL AUF-BEWAHREN

Die fertig gekeimten Sprossen luftdicht verschlossen im Kühlschrank aufbewahren. Innerhalb von maximal 2–3 Tagen, am besten aber frisch verzehren.

WIE MAN GETREIDE & HÜLSENFRÜCHTE EINWEICHT & ZUBEREITET

Wer getrocknete Hülsenfrüchte und Getreidekörner einweichen bzw. kochen möchte oder Reis perfekt garen will, kann sich einfach an die unten stehenden Tipps halten.

REIS

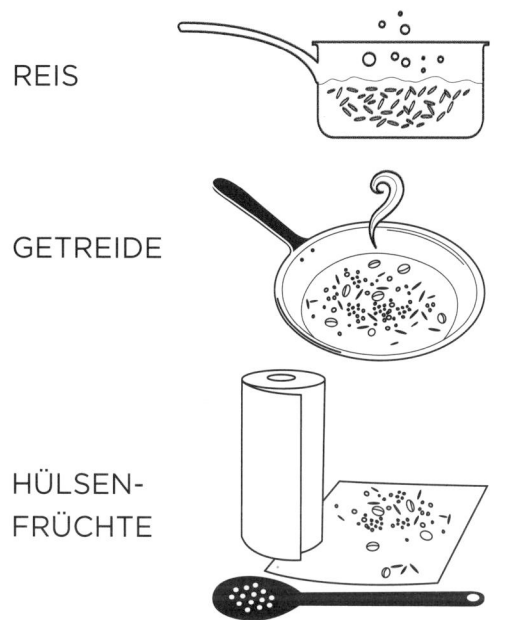

Den Reis unter fließendem kaltem Wasser gut abspülen und in leicht gesalzenem Wasser garen, bis die Reiskörner weich sind. Wenn Sie regelmäßig Reis zubereiten, empfiehlt sich ein Reiskocher. Gekochten Reis können Sie im Kühlschrank 3–4 Tage aufbewahren.

GETREIDE

Am besten immer wertvolles Vollkorngetreide aus dem Bioladen verwenden. Bei manchen Getreidearten wie beispielsweise Gerste empfiehlt es sich, sie zuerst kurz in der Pfanne anzurösten, damit sie ihr mild-nussiges Aroma optimal entfalten können. Anschließend die Getreidekörner in einen Topf mit leicht gesalzenem Wasser geben und kochen, bis sie weich sind, dann abtropfen lassen und weiterverwenden.

HÜLSEN-FRÜCHTE

Im Notfall tut es auch die Dosenvariante, im Hinblick auf den Geschmack der Bowl sind getrocknete Hülsenfrüchte als Basis jedoch die eindeutig bessere Wahl. Die Hülsenfrüchte abspülen und verlesen, um eventuell vorhandene Steinchen zu entfernen. Danach die Hülsenfrüchte mindestens 8 Std. (oder über Nacht) einweichen. Abtropfen lassen, abspülen und in reichlich frischem Wasser garen, bis sie weich sind. Falls Sie getrocknete Kidneybohnen verwenden, sollten Sie diese zuerst 10 Min. kochen, um die Giftstoffe zu entfernen, dann die Temperatur reduzieren und die Bohnen köcheln lassen, bis sie weich sind. Die Hülsenfrüchte am Ende des Garvorgangs salzen und im Kochwasser abkühlen lassen. Mit einem Schaumlöffel herausheben und die Hülsenfrüchte mit Küchenpapier trockentupfen.

NÜTZLICHE UTENSILIEN

REISKOCHER   DÄMPFEINSATZ   GEMÜSEHOBEL   KÜCHENMASCHINE

ZUTATEN FÜR DEN VORRATSSCHRANK

Ein gut gefüllter Vorratsschrank ist das A und O für eine abwechslungsreiche pflanzliche Küche. Die folgenden Zutaten und Würzmittel können aus gewöhnlichen Hülsenfrüchten und Getreidekörnern unglaublich raffinierte Gerichte zaubern.

GEWÜRZNÜSSE

EINGELEGTER
INGWER

HARISSA

CHILISAUCE

MANGO-CHUTNEY

SUSHI-ESSIG

SALZZITRONEN

WASABI-ERBSEN

GERÖSTETE
KICHERERBSEN

CHIPOTLE-CHILIS IN
ADOBO-SAUCE
(GERÄUCHERTE
JALAPEÑOS IN PIKANTER
TOMATENSAUCE)

KIMCHI ODER
MILCHSAUER
VERGORENES
SAUERKRAUT

ERDNUSSSAUCE

13

GRANATAPFEL-
MELASSE

BANANENCHIPS

REIS-
WAFFELN

PAPADAMS

VEGANER SCHMAND

Ergibt 400 g

350 g Seidentofu
2 EL Olivenöl
3 EL frisch gepresster Zitronensaft
1 Prise Meersalzflocken

Rezept

Die Zutaten glatt und cremig pürieren. In einem sauberen Glasgefäß aufbewahren und bis zum Verzehr kalt stellen.

VEGANER CASHEW-KÄSE

Ergibt 500 g

300 g rohe Cashewkerne, 2–6 Std. in 750 ml Wasser eingeweicht
2 TL Lactobacillus acidophilus in Pulverform (Milchsäurebakterien)
1 TL Meersalz

Rezept

Die Cashewkerne abtropfen lassen und gründlich abspülen. Mit dem Pulver, Salz und 250 ml Wasser glatt pürieren. In ein mit einem Mulltuch ausgelegtes Sieb geben und über einer Schüssel überschüssige Flüssigkeit abtropfen lassen. Die Masse mind. 24 Std. kalt stellen. Haltbarkeit im Kühlschrank 2–3 Wochen.

GRÜNKOHL-CHIPS

Rezept

Ergibt 100 g

1 großes Bund Grünkohl, dicke Blattrippen entfernt
2 EL Olivenöl
1 großzügige Prise Meersalz

Den Backofen auf 140 °C vorheizen. Die Kohlblätter mit Öl und Salz mischen. In einer Lage auf einem Backblech verteilen und in etwa 20 Min. im Ofen knusprig rösten, dabei nach der Hälfte der Zeit wenden. Haltbarkeit in einem luftdicht verschlossenen Behälter 3–4 Tage.

ROMESCO-SAUCE

Rezept

Ergibt 500 ml

200 g Mandelstifte, geröstet
12 geröstete Piquillo-Paprikaschoten (spanisches Feinkostgeschäft oder Onlineshop), abgetropft
5 Knoblauchzehen, grob gehackt
2 TL edelsüßes geräuchertes Paprikapulver
½ TL rosenscharfes Paprikapulver
80 ml Rotweinessig guter Qualität
250 ml Olivenöl
2 TL Meersalz

Die Zutaten pürieren, bis eine geschmeidige, noch leicht stückige Sauce entstanden ist. Nach Belieben mit Paprikapulver, Essig und Salz nachwürzen. Haltbarkeit im Kühlschrank bis zu 10 Tage.

BASICS
easy gemacht

In diesem Kapitel lernen Sie elf einfache Saucen und Toppings kennen, die Sie nach Herzenslust kombinieren können. Garnieren Sie Ihre Bowl mit einem Basic-Rezept Ihrer Wahl oder verwenden Sie zwei oder drei gleichzeitig – *as you like it*!

KRÄUTER-PESTO

Ergibt 230 ml

80 g gemischte weiche Kräuter (z. B. Basilikum, Koriander, Minze und Kerbel),
  Blätter abgezupft

80 g Pinienkerne, geröstet

160 ml Olivenöl

1 Knoblauchzehe, zerdrückt

Salz und frisch gemahlener schwarzer Pfeffer

Rezept

Die Zutaten, mit Ausnahme von Salz und Pfeffer, pürieren, bis ein glattes Pesto entstanden ist. Nach Geschmack mit Salz und Pfeffer würzen, dann in ein sauberes Schraubglas füllen. Das Pesto ist im Kühlschrank bis zu 5 Tage haltbar.

KOKOSNUSS-CHUTNEY

Ergibt 250 ml

50 g Korianderblätter

50 g Kokosraspel

120 ml Avocado- oder Olivenöl

1 Stück frischer Ingwer (2,5 cm), geschält und gerieben

1 Knoblauchzehe

1 grüne Vogelaugen-Chilischote, entkernt und grob gehackt

1 TL Agavendicksaft

fein abgeriebene Schale und Saft von 1 unbehandelten Limette

Salz und frisch gemahlener schwarzer Pfeffer

*Zubereitungs-
zeit: 15 Min.*

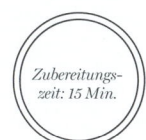

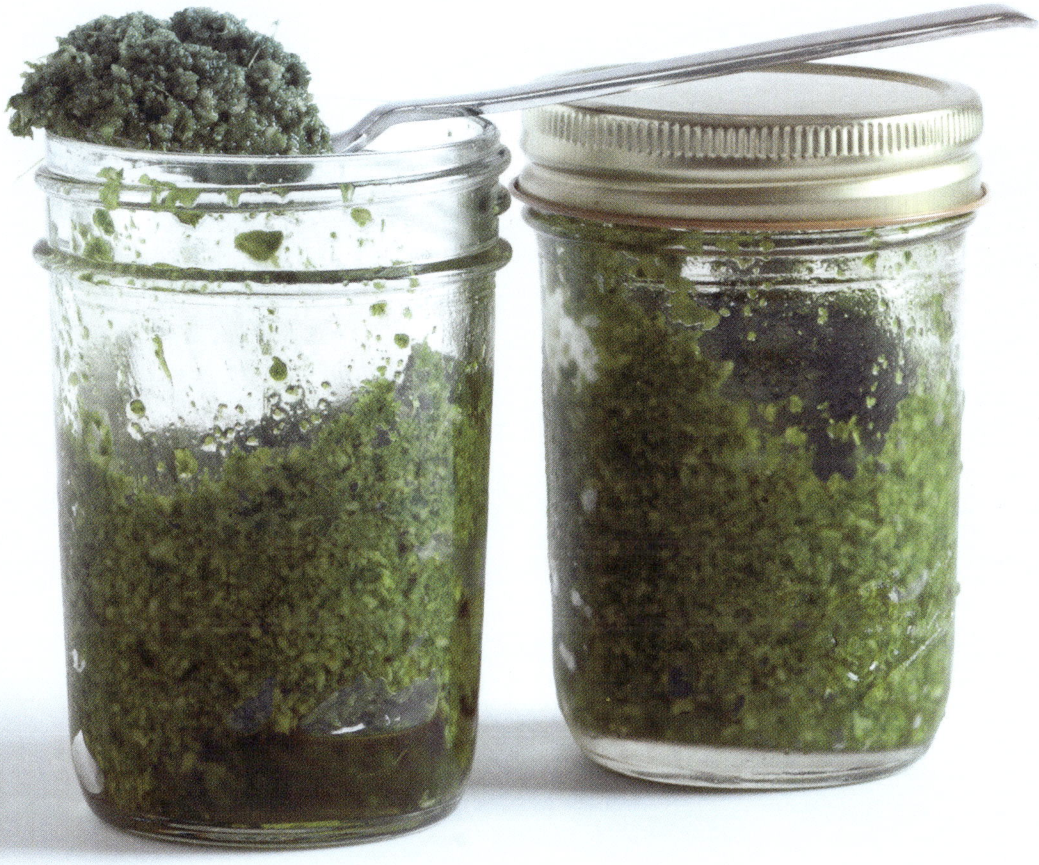

Rezept

Die Zutaten, mit Ausnahme von Salz und Pfeffer, pürieren, bis die Mischung schön glatt ist. Nach Geschmack mit Salz und Pfeffer würzen, dann in ein sauberes Schraubglas füllen. Das Chutney ist bis zu 5 Tage im Kühlschrank haltbar.

EINGELEGTE WEISSE BOHNEN

22

Ergibt 700 ml

500 g gegarte kleine weiße Bohnen (z. B. Cannellini-Bohnen;
  entspricht etwa 200 g getrockneten Bohnen), abgespült
1 EL Essig (z. B. Apfel-, Sherry- oder Champagneressig)
Saft von 1 Zitrone
60 ml Olivenöl
1 Thymianzweig
Salz

Rezept

Die Bohnen in einer mittelgroßen Schüssel mit Essig, Zitronensaft und Olivenöl mischen.
Nach Geschmack mit Salz würzen. Den Thymianzweig zufügen und die Bohnen 1–3 Std. im Kühlschrank
marinieren. Gekühlt sind die eingelegten Bohnen bis zu 4 Tage haltbar. Raumtemperiert servieren.

MARINIERTES TEMPEH

Ergibt 300 g

250 g Tempeh natur
80 ml naturtrüber Apfelsaft
1 EL Dijon-Senf
1 EL Tamari (glutenfreie Sojasauce)
2 EL Olivenöl
1 EL Apfelessig

Rezept

Das Tempeh in 16 gleich große Rechtecke oder Dreiecke schneiden und die Stücke nebeneinander in eine Auflaufform legen. Den Apfelsaft mit Senf, Tamarisauce, Olivenöl und Apfelessig verrühren. Über die Tempeh-stücke gießen und die Form 1 Std. kalt stellen. Den Backofen auf 180 °C vorheizen. Die marinierten Tempeh-stücke in der Form 40 Min. im Ofen backen. Im Kühlschrank sind sie bis zu 4 Tage haltbar.

MEERESALGEN MIT SESAM UND TAMARI

Ergibt 680 ml

60 g getrocknete Hijiki- oder Arame-Algen

1 EL Sesamöl

1 kleine Zwiebel, fein gewürfelt

2 kleine Karotten, in dünne Streifen geschnitten

60 ml Mirin (süßer japanischer Reiswein)

2 EL Tamari (glutenfreie Sojasauce)

30 g Sesamsamen, geröstet

1 Prise Meersalz

Rezept

Die Algen in 750 ml Wasser einweichen, bis sie schön weich sind, anschließend abtropfen lassen. Das Sesamöl
in einer Pfanne bei mittlerer Temperatur erhitzen. Die Zwiebelwürfel darin kurz andünsten, bis sie goldgelb sind.
Karottenstreifen und Meersalz hinzufügen und ein paar Minuten mitdünsten. Die abgetropften Algen mit 60 ml Wasser,
Mirin und Tamarisauce unterrühren und alles etwa 10 Min. köcheln lassen. Abkühlen lassen, dann die Sesamsamen
untermischen. Die Meeresalgen sind im Kühlschrank bis zu 4 Tage haltbar.

WÜRZIGE KICHERERBSEN

Ergibt 500 ml

100 g getrocknete Kichererbsen, 12 Std. in 300 ml Wasser
   eingeweicht, abgespült und abgetropft

60 ml Olivenöl zzgl. etwas zum Beträufeln

1 kleine rote Zwiebel, gewürfelt

2 TL Garam Masala

2 große Tomaten, entkernt und gewürfelt

fein abgeriebene Schale und Saft von 1 unbehandelten Zitrone

1½ EL Sherryessig

30 g glatte Petersilie, die Blätter fein gehackt

Salz und frisch gemahlener schwarzer Pfeffer

29

Rezept

Die eingeweichten Kichererbsen nach Packungsangabe garen, anschließend abtropfen lassen. In einer großen Pfanne 2 EL Olivenöl bei niedriger Temperatur erhitzen und die Zwiebelwürfel darin weich dünsten. Garam Masala und Tomatenwürfel zufügen und alles 15 Min. garen, bis die Mischung die Konsistenz einer Sauce hat. Kichererbsen, Zitronensaft und Zitronenschale sowie Essig und Petersilie untermischen. Das restliche Olivenöl zugießen und mit Salz und Pfeffer abschmecken. Die würzigen Kichererbsen sind im Kühlschrank bis zu 4 Tage haltbar.

HUMMUS

Ergibt 350 ml

1 Dose Kichererbsen (400 g), abgetropft

4 EL Tahin (Sesammus)

Saft von 1 Zitrone

1 Knoblauchzehe, geschält

1 TL Salz

Rezept

Die Zutaten zusammen mit 100 ml Wasser glatt pürieren. Der Hummus
ist im Kühlschrank bis zu 4 Tage haltbar. Raumtemperiert servieren.

TAHIN-SAUCE

32

Ergibt 400 ml

250 ml Tahin (Sesammus)
180 ml Eiswasser
Saft von 1 Zitrone
Salz

Rezept

Die Zutaten, mit Ausnahme des Salzes, in einer kleinen Schüssel mit dem Schneebesen aufschlagen, bis eine cremige Sauce entstanden ist. Mit Salz abschmecken. Die Tahin-Sauce ist im Kühlschrank bis zu 4 Tage haltbar. Raumtemperiert servieren.

MISO-DRESSING

Ergibt 260 ml

3 EL (60 g) nicht pasteurisierte helle Miso-Paste (Sojabohnenpaste)

3 EL brauner Reisessig

3 EL frisch gepresster Zitronensaft

1 TL Tamari (glutenfreie Sojasauce)

1 TL Mirin (süßer japanischer Reiswein)

125 ml Olivenöl

Rezept

Die Zutaten, mit Ausnahme des Olivenöls, glatt pürieren. Danach bei laufendem Motor langsam das Olivenöl zugießen, bis eine Emulsion entstanden ist. Das Miso-Dressing ist im Kühlschrank bis zu 10 Tage haltbar.

KURKUMA-SAUCE

Ergibt 220 ml

3 Stücke frische Kurkuma (je 5 cm), geschält und fein gerieben

1 Stück frischer Ingwer (2,5 cm), geschält und fein gerieben

90 ml frisch gepresster Zitronensaft (von 3–4 Zitronen)

2 EL Tahin (Sesammus)

1 EL Agavendicksaft

½ kleine Knoblauchzehe, zu einer Paste zerdrückt

Salz und frisch gemahlener schwarzer Pfeffer

Rezept

Die Zutaten, mit Ausnahme von Salz und Pfeffer, glatt pürieren. Nach Geschmack mit Salz und Pfeffer würzen. Falls die Sauce zu dickflüssig ist, mit 1 zusätzlichen Spritzer Zitronensaft verdünnen. Die Kurkuma-Sauce ist im Kühlschrank bis zu 10 Tage haltbar.

ROTE-BETE-TOPPING

38

Ergibt 700 ml

60 ml Olivenöl

1 kleine rote Zwiebel, in dünne Ringe geschnitten

2 Knoblauchzehen, zu einer Paste zerdrückt

400 g Rote Bete, geschält und fein geraspelt

50 g helle Rosinen oder Sultaninen

3 EL Aceto balsamico

1 EL Mirin (süßer japanischer Reiswein)

Salz und frisch gemahlener schwarzer Pfeffer

Zubereitungs- und Garzeit: 45 Min.

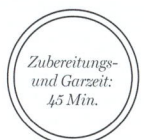

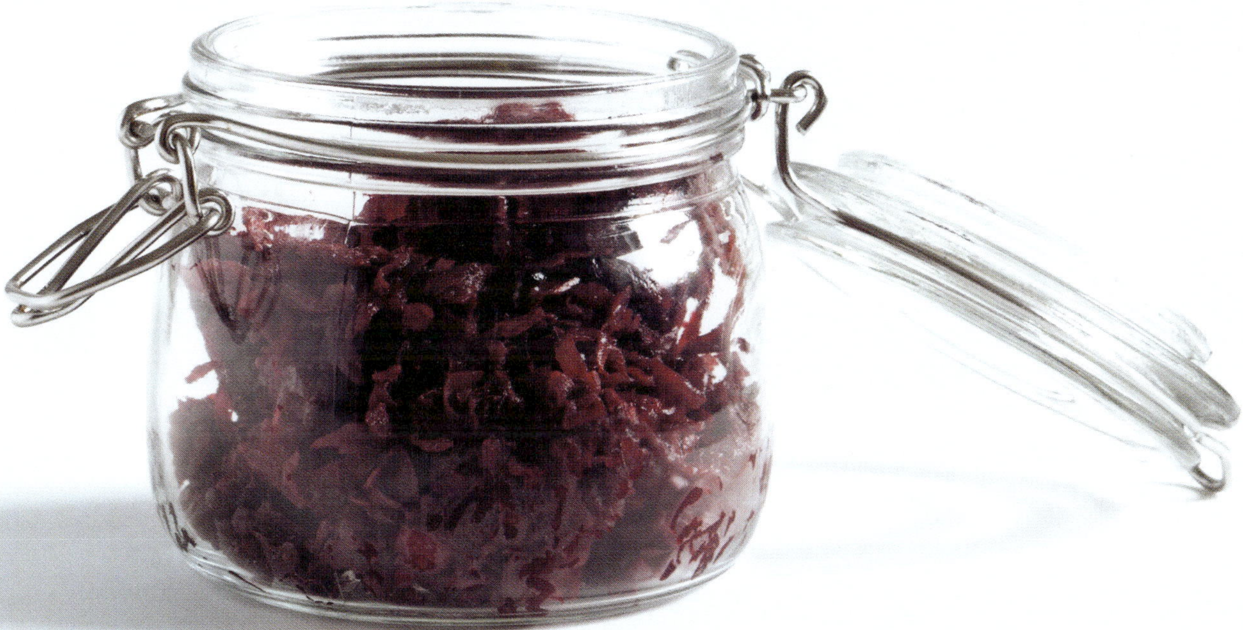

Rezept

In einer Pfanne 2 EL Olivenöl bei mittlerer Temperatur erhitzen und darin die Zwiebelringe in etwa 8 Min. weich dünsten. Die Temperatur erhöhen und die Zwiebeln in der Pfanne karamellisieren lassen. Den Knoblauch zufügen und 2 Min. mitbraten. Rote Bete, Rosinen, 60 ml Wasser, Essig, Mirin und das restliche Öl zugeben. Alles etwa 10 Min. köcheln lassen, bis die Flüssigkeit verdampft und die Mischung eingedickt ist. Nach Geschmack mit Salz und Pfeffer würzen. Das Topping ist im Kühlschrank bis zu 1 Woche haltbar.

REIS
easy gemacht

Tauchen Sie ein in die Welt des Reises – vom Kurzkorn- oder Langkornreis über roten und weißen bis hin zu schwarzem Reis ist alles vertreten – und entdecken Sie, dass Reis mehr als eine simple Beilage ist. Jeder Reis verfügt über seinen ganz eigenen Geschmack und seine eigene Textur. Außerdem sorgt er für Gehalt und Substanz in den Bowls.

MIDSUMMER REIS-BOWL

Für 4 Personen

200 g roher Vollkornreis (entspricht etwa 600 g gegartem Reis)

4 mittelgroße Karotten (etwa 300 g), in längliche Spalten geschnitten
 und gebraten

120 g Radieschen, in dünne Scheiben geschnitten

80 g Kräuter-Pesto (siehe Seite 18)

½ Salzzitrone, in dünne Streifen geschnitten

Salz und frisch gemahlener schwarzer Pfeffer

Rezept

Den Reis nach Packungsangabe garen und auf vier Schüsseln verteilen.
Karottenspalten und Radieschenscheiben auf dem Reis anrichten, mit Pesto beträufeln
und mit Zitronenstreifen garnieren. Nach Geschmack mit Salz und Pfeffer würzen.

ASIA-BOWL

Für 4 Personen

200 g roher Vollkornreis (entspricht etwa 600 g gegartem Reis)

150 g Zuckerschoten, blanchiert und in dünne Streifen geschnitten

120 g Meeresalgen mit Sesam und Tamari (siehe Seite 26)

10 g Shiso (japanisches Würzkraut) oder Japanische Minze,
  Blätter abgezupft

Wasabi-Paste (nach Belieben)

eingelegter Ingwer (nach Belieben)

Rezept

Den Reis nach Packungsangabe garen, dann auf vier Schüsseln verteilen.
Zuckerschotenstreifen und Meeresalgen auf dem Reis anrichten und darauf
die Shiso-Blätter geben. Nach Belieben Wasabi-Paste und Ingwer hinzufügen.

HIPPIE-BOWL

Für 4 Personen

200 g roher roter Reis (entspricht etwa 600 g gegartem Reis)

3 Kardamomkapseln

8 rote Pflaumen, halbiert, entsteint und weich gebraten

125 ml Tahin-Sauce (siehe Seite 32)

1 kleine Handvoll Koriandergrün, Blätter abgezupft

Olivenöl

Salz und frisch gemahlener schwarzer Pfeffer

Rezept

Den Reis zusammen mit den drei Kardamomkapseln nach Packungsangabe garen.
Den gegarten Reis auf vier Schüsseln verteilen und darauf die gebratenen Pflaumen-
hälften anrichten. Die Tahin-Sauce darübergießen, mit Korianderblättern garnieren
und mit etwas Olivenöl beträufeln. Nach Geschmack mit Salz und Pfeffer würzen.

SCHARFE REIS- UND DAL-BOWL

Für 4 Personen

200 g roher Basmatireis
 (entspricht etwa 500 g gegartem Reis)

200 g rote Linsen, verlesen und abgespült

2 TL Garam Masala

Saft von 1 Zitrone

2 Zwiebeln, in dicke Ringe geschnitten, weich und hellbraun gebraten

8 Datteltomaten, halbiert und gebraten

25 g Koriandergrün, Blätter abgezupft

Olivenöl

Salz und frisch gemahlener schwarzer Pfeffer

Rezept

Den Reis nach Packungsangabe garen. Inzwischen die Linsen mit 500 ml Wasser in einen Topf geben und zum Kochen bringen. Die Temperatur anschließend reduzieren und die Linsen 10–15 Min. köcheln lassen, bis sie zerfallen. Mit Garam Masala, Zitronensaft und nach Geschmack mit Salz und Pfeffer würzen. Den gegarten Reis auf Schüsseln verteilen. Dal-Linsen, Zwiebelringe, Tomatenhälften darauf anrichten und mit Korianderblättern bestreuen. Mit Olivenöl beträufeln und nach Geschmack mit Salz und Pfeffer würzen.

PIKANTE OKRASCHOTEN-BASMATI-BOWL

50

Für 4 Personen

200 g roher Basmatireis
  (entspricht etwa 500 g gegartem Reis)
60 ml Olivenöl
220 g Okraschoten, in 2,5 cm lange Stücke geschnitten
1 EL Garam Masala
2 mittelgroße Tomaten, klein geschnitten
10 g Minze, Blätter abgezupft
80 g Kokosnuss-Chutney (siehe Seite 20)
Salz und frisch gemahlener schwarzer Pfeffer

Rezept

Den Reis nach Packungsangabe garen. Das Olivenöl in einer Pfanne erhitzen, bis es fast raucht. Die Okraschoten im heißen Öl etwa 5 Min. scharf anbraten. Garam Masala und Tomatenstücke unter- rühren, dann nach Geschmack mit Salz und Pfeffer würzen. 250 ml Wasser angießen und die Mischung etwa 10 Min. köcheln lassen, bis sie eindickt. Den gegarten Reis auf Schüsseln verteilen und darauf den Okraschoten-Tomaten-Mix und die Minzeblätter anrichten. Mit dem Chutney garniert servieren.

BOWL MIT EINGELEGTEN KAROTTEN

Für 4 Personen

400 g verschiedenfarbige Karotten,
  der Länge nach in dünne Scheiben geschnitten

250 ml Branntweinessig

200 g roher Jasminreis (entspricht etwa 500 g gegartem Reis)

50 g veganer Schmand (siehe Seite 14)

Chilisauce

1 kleine Handvoll Minze, Blätter abgezupft

120 g geröstete Erdnüsse

Rezept

Die Karottenstreifen etwa 30 Min. im Essig einlegen, danach abtropfen lassen. Den Reis nach Packungsangabe garen und auf Schüsseln verteilen. Den Schmand nach Geschmack mit Chilisauce verrühren. Die Karottenstreifen auf dem Reis anrichten, mit Chili-Schmand beträufeln und mit Minzeblättern und Erdnüssen bestreuen.

BUNTE GEMÜSE-REIS-BOWL

54

Für 4 Personen

150 g roher schwarzer Reis (entspricht etwa 500 g gegartem Reis)

150 g Zuckerschoten, in feine Streifen (Julienne) geschnitten

150 g Rote Bete, in feine Streifen (Julienne) geschnitten

150 g Karotten, in feine Streifen (Julienne) geschnitten

30 ml heller Reisessig

200 g fester Tofu, in Würfel geschnitten

120 ml Miso-Dressing (siehe Seite 34)

am besten
von Juni
bis August

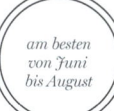

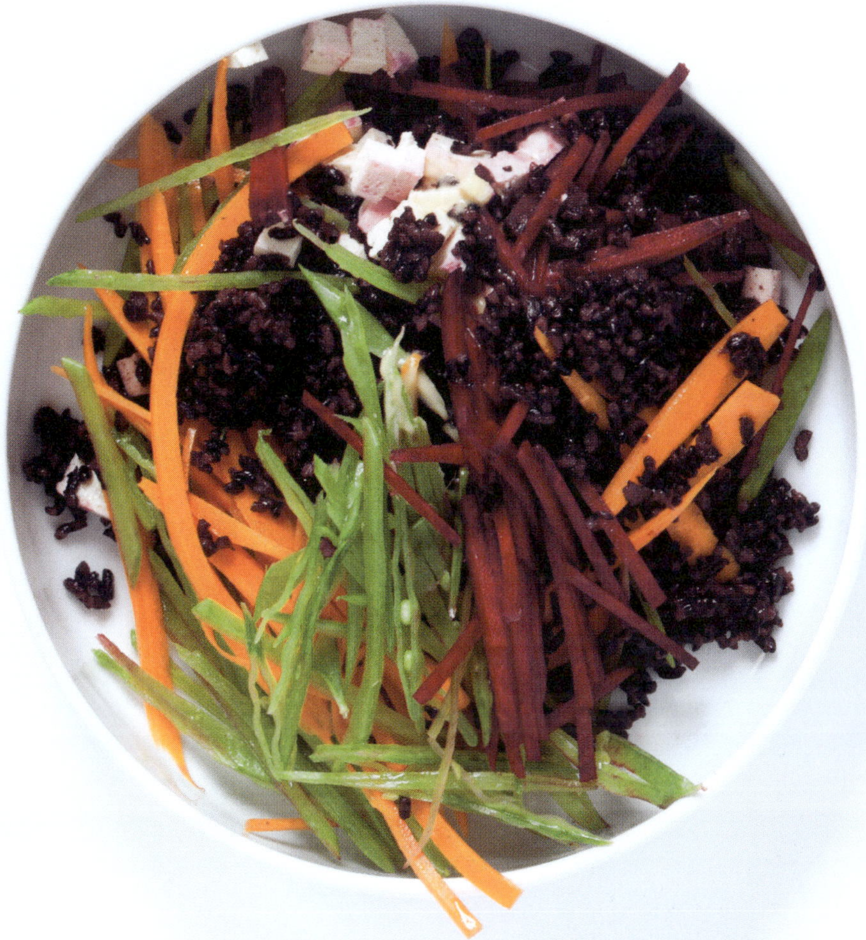

Rezept

Den Reis nach Packungsangabe garen. Inzwischen die Gemüsestreifen mit Essig beträufeln und etwa 20 Min. ruhen lassen, bis sie etwas weicher sind. Den gegarten Reis auf Schüsseln verteilen. Die Gemüsestreifen und die Tofuwürfel darauf anrichten und mit Miso-Dressing beträufeln.

KNACKIGE REIS-BOWL
MIT GEMÜSE UND TOFU

Für 4 Personen

200 g roher Vollkornreis
   (entspricht etwa 600 g
   gegartem Reis)
2 EL geröstetes Sesamöl
400 g fermentiertes Gemüse nach Wahl
200 g fester Tofu, in Scheiben geschnitten
150 g Sonnenblumenkerne, geröstet
1 kleine Handvoll Koriandergrün, Blätter abgezupft
Olivenöl
Salz und frisch gemahlener schwarzer Pfeffer

Rezept

Den Reis nach Packungsangabe garen, anschließend 1 Std. abkühlen lassen. Das Sesamöl in einer Pfanne bei mittlerer Temperatur erhitzen und darin den abgekühlten Reis etwa 8 Min. braten, bis die Körner goldgelb sind. Den gebratenen Reis auf Schüsseln verteilen und darauf Gemüse, Tofuscheiben, Sonnenblumenkerne und Korianderblätter anrichten. Mit Olivenöl beträufeln und nach Geschmack mit Salz und Pfeffer würzen.

WILDREIS-BOWL MIT BROKKOLI UND SHIITAKE-PILZEN

Für 4 Personen

150 g roher Wildreis (entspricht etwa 500 g gegartem Reis)

180 g Shiitake-Pilze, Stiele entfernt, die Hüte in Scheiben geschnitten und kurz angebraten

150 g geröstete Maronen, in Stücke geschnitten

7 Cherrytomaten, halbiert und gebraten

1 kleiner Brokkoli (400 g), in Röschen zerteilt und gebraten

1 kleine Handvoll glatte Petersilie, Blätter abgezupft

Olivenöl

Salz und frisch gemahlener schwarzer Pfeffer

Rezept

Den Wildreis nach Packungsangabe garen und auf Schüsseln verteilen.
Darauf Pilze, Maronen, Tomaten und Brokkoli anrichten. Mit Petersilie garnieren,
mit Olivenöl beträufeln und nach Geschmack mit Salz und Pfeffer würzen.

HERBSTLICHE REIS-BOWL MIT BUTTERNUSSKÜRBIS

Für 4 Personen

150 g roher Wildreis (entspricht etwa 500 g gegartem Reis)

½ mittelgroßer Butternusskürbis (400 g), geschält, Kerne entfernt,
 in Würfel geschnitten und gebraten

160 g Rote-Bete-Topping (siehe Seite 38)

frisch geriebener Ingwer

250 g Joghurt aus Kokosnussmilch

4 Limettenspalten zum Garnieren

Olivenöl

Salz und frisch gemahlener schwarzer Pfeffer

Rezept

Den Reis nach Packungsangabe garen und auf Schüsseln verteilen. Darauf Kürbiswürfel, Rote-Bete-Topping, nach Geschmack geriebenen Ingwer und den Joghurt anrichten. Mit Limettenspalten garnieren und mit Olivenöl beträufeln. Nach Geschmack mit Salz und Pfeffer würzen.

REISNUDEL-GEMÜSE-BOWL

Für 4 Personen

500 g Reisnudeln

1 Salatgurke, in feine Stifte geschnitten

1 kleine Fenchelknolle, in dünne Scheiben geschnitten

1 Gelbe Bete, in dünne Scheiben geschnitten

2 EL heller Reisessig

125 ml Erdnusssauce (Saté-Sauce)

150 g geröstete Erdnüsse

Rezept

Die Nudeln nach Packungsangabe garen und auf Schüsseln verteilen.
Das fein geschnittene Gemüse mit dem Essig mischen und auf den Nudeln anrichten.
Die Bowls mit der Erdnusssauce beträufeln und mit den Erdnüssen bestreuen.

BOWL MIT SHIITAKE-PILZEN UND GRÜNEN BOHNEN

Für 4 Personen

200 g roher Vollkornreis (entspricht etwa 600 g gegartem Reis)

250 g Belugalinsen (entspricht etwa 500 g gegarten Linsen)

250 g feine grüne Bohnen, blanchiert

8 kleine Schalotten, im Ganzen gebraten

250 g Shiitake-Pilze, Stiele entfernt, die Hüte in Scheiben geschnitten und kurz angebraten

125 ml Miso-Dressing (siehe Seite 34)

25 g Kerbel, Blätter abgezupft

Rezept

Reis und Linsen separat nach Packungsangabe garen und auf Schüsseln
verteilen. Darauf grüne Bohnen, Schalotten und Shiitake-Pilze anrichten.
Mit Miso-Dressing beträufeln und mit Kerbelblättchen garnieren.

RED RICE BOWL MIT DICKEN BOHNEN

Für 4 Personen

200 g roher roter Reis (entspricht etwa 600 g gegartem Reis)

300 g ausgelöste dicke Bohnenkerne (von 1–1,2 kg Schoten),
 blanchiert, enthäutet und zerdrückt

170 g Bananenchips

125 ml Kräuter-Pesto (siehe Seite 18)

1 kleine Handvoll Minze, Blätter abgezupft

Olivenöl

Salz und frisch gemahlener schwarzer Pfeffer

Rezept

Den Reis nach Packungsangabe garen und auf Schüsseln verteilen. Die zerdrückten Bohnen-kerne und die Bananenchips auf dem Reis anrichten. Pesto darüberlöffeln, mit der Minze garnieren und mit Olivenöl beträufeln. Nach Geschmack mit Salz und Pfeffer würzen.

CALIFORNIA BOWL

Für 4 Personen

200 g roher Sushireis (entspricht etwa 500 g gegartem Reis)

125 g junge Spinatblätter, in feine Streifen geschnitten

2 Avocados, das Fruchtfleisch in Stücke geschnitten

200 g Zuckerschoten, blanchiert und längs in dünne Streifen geschnitten

160 g Meeresalgen mit Sesam und Tamari (siehe Seite 26)

eingelegter Ingwer

Rezept

Den Reis nach Packungsangabe garen und auf Schüsseln verteilen.
Spinatblätter, Avocadostücke und Zuckerschoten auf dem Reis anrichten.
Mit Meeresalgen und nach Geschmack mit eingelegtem Ingwer garnieren.

THANKSGIVING BOWL

Für 4 Personen

200 g roher schwarzer Klebreis (entspricht etwa 500 g gegartem Reis)

400 g Steckrüben, geschält, gewürfelt und gebraten

2 mittelgroße Lauchstangen, längs halbiert, die Lamellen in breite Streifen geschnitten und gebraten

160 g Rote-Bete-Topping (siehe Seite 38)

Olivenöl

Salz und frisch gemahlener schwarzer Pfeffer

Rezept

Den Reis nach Packungsangabe garen und auf Schüsseln verteilen.
Auf dem Reis Steckrübenwürfel, Lauchstreifen und das Rote-Bete-Topping anrichten.
Die Bowls mit Olivenöl beträufeln und nach Geschmack mit Salz und Pfeffer würzen.

WURZELGEMÜSE-BOWL MIT AVOCADO

Für 4 Personen

150 g roher schwarzer Reis (entspricht etwa 500 g gegartem Reis)

200 g verschiedenfarbige Karotten, gebraten

180 g geringelte Rote Beten (Tonda di Chioggia), in dünne Scheiben geschnitten

1 Avocado, das Fruchtfleisch in Stücke geschnitten

50 g Pistazien, geschält

10 g Koriandergrün, Blätter abgezupft

120 ml Kurkuma-Sauce (siehe Seite 36)

Olivenöl

Salz und frisch gemahlener schwarzer Pfeffer

Rezept

Den Reis nach Packungsangabe garen und auf Schüsseln verteilen. Karotten, Rote-Bete-Scheiben, Avocadostücke, Pistazien und Korianderblätter auf dem Reis anrichten und mit Kurkuma-Sauce beträufeln. Zum Abschluss noch etwas Olivenöl darübergeben und nach Geschmack mit Salz und Pfeffer würzen.

INDISCHE BOWL MIT AUBERGINEN

Für 4 Personen

200 g roher Basmatireis (entspricht etwa 500 g gegartem Reis)

200 g rote Linsen

2 TL Garam Masala

1 mittelgroße Aubergine, gewürfelt, gebraten und gewürzt

160 g Kokosnuss-Chutney (siehe Seite 20)

1 kleine Handvoll Minze, Blätter abgezupft

Olivenöl

Salz und frisch gemahlener schwarzer Pfeffer

schmeckt das ganze Jahr

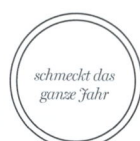

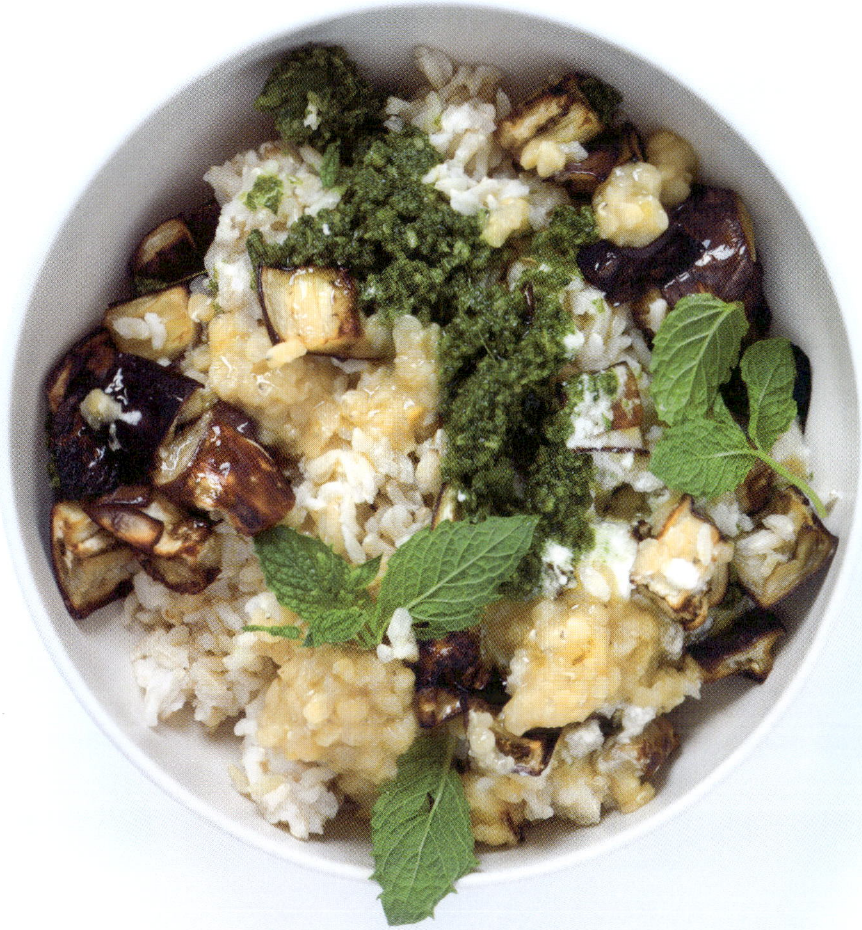

Rezept

Den Reis nach Packungsangabe garen. Inzwischen die Linsen mit 500 ml Wasser in einen Topf geben und zum Kochen bringen. Anschließend die Temperatur reduzieren und die Linsen 10–15 Min. köcheln lassen, bis sie zerfallen. Mit Garam Masala und nach Geschmack mit Salz und Pfeffer würzen. Den gegarten Reis auf Schüsseln verteilen. Dal-Linsen, Auberginenwürfel und das Chutney auf dem Reis anrichten und mit Minzeblättern garnieren. Zum Abschluss die Bowls mit Olivenöl beträufeln.

PAELLA-BOWL

Für 4 Personen

200 g roher weißer Reis
  (entspricht etwa 500 g gegartem Reis)
1 Prise Safranfäden
180 g geröstete rote Paprikaschoten (aus dem Glas),
  in dünne Streifen geschnitten
1 große Handvoll gemischte Stangenbohnen, blanchiert

320 g eingelegte weiße Bohnen
  (siehe Seite 22)
150 g Cocktailtomaten, halbiert
1 kleine Handvoll Basilikum, Blätter abgezupft
Olivenöl
Salz und frisch gemahlener schwarzer Pfeffer

Rezept

Den Reis nach Packungsangabe garen, dabei die Safranfäden mit ins Wasser geben. Den Safranreis auf Schüsseln
verteilen. Rote Paprikastreifen, Stangen- und weiße Bohnen sowie die Tomatenhälften auf dem Reis anrichten.
Die Bowls mit Basilikumblättern garnieren, mit Olivenöl beträufeln und nach Geschmack mit Salz und Pfeffer würzen.

REGENBOGEN-BOWL

Für 4 Personen

200 g roher roter Reis (entspricht etwa 600 g gegartem Reis)

2 EL Olivenöl

120 g Kürbiskerne

2 EL helle Rosinen oder Sultaninen

250 g Mangold (z.B. bunter Mangold bzw. Regenbogen-Mangold), Blätter in Streifen geschnitten

2 kleine rote Zwiebeln, in Ringe geschnitten und gebraten

125 g Joghurt aus Kokosnussmilch

Salz und frisch gemahlener schwarzer Pfeffer

Rezept

Den Reis nach Packungsangabe garen. Das Olivenöl in einer großen Pfanne auf kleiner Stufe erhitzen. Darin die Kürbiskerne in etwa 3 Min. goldbraun braten. Dann die Rosinen einige Minuten mitbraten. Den Mangold zugeben und garen, bis die Blätter gerade eben zusammenfallen. Den gegarten Reis auf Schüsseln verteilen. Mangold-Mix und Zwiebelringe auf dem Reis anrichten. Den Joghurt darübertträufeln und die Bowls nach Geschmack mit Salz und Pfeffer würzen.

FÜNF-ELEMENTE-BOWL

Für 4 Personen

150 g roher schwarzer Reis
  (entspricht etwa 500 g gegartem Reis)
250 ml ungesüßte Kokosmilch
300 g Zuckerschoten, blanchiert
3 kleine Radieschen, in dünne Scheiben geschnitten
200 g fester Tofu, in kleine Stücke geschnitten
125 ml Kurkuma-Sauce (siehe Seite 36)
1 kleine Handvoll Koriandergrün, Blätter abgezupft
Olivenöl
Salz und frisch gemahlener schwarzer Pfeffer

Rezept

Den Reis nach Packungsangabe garen, dabei 250 ml Wasser durch die Kokosmilch ersetzen.
Den gegarten Reis auf Schüsseln verteilen und darauf Zuckerschoten, Radieschenscheiben und
Tofustücke anrichten. Die Bowls mit Kurkuma-Sauce beträufeln und mit Korianderblättern bestreuen.
Zum Abschluss Olivenöl darübergeben und nach Geschmack mit Salz und Pfeffer würzen.

BUTTERNUSSKÜRBIS-BOWL

Für 4 Personen

100 g roher roter Reis
  (entspricht etwa 300 g gegartem Reis)
80 g roher Wildreis (entspricht etwa 300 g gegartem Reis)
½ mittelgroßer Butternusskürbis (400 g), geschält,
  Kerne entfernt, in Würfel geschnitten und gebraten
1 Apfel, in dünne Scheiben geschnitten

100 g Walnusskerne, geröstet und gehackt
160 g Rote-Bete-Topping
  (siehe Seite 38)
50 g veganer Käse, zerbröckelt
Olivenöl
Salz und frisch gemahlener schwarzer Pfeffer

Rezept

Die beiden Reissorten separat nach Packungsangabe garen und auf Schüsseln verteilen.
Kürbiswürfel, Apfelscheiben, Walnüsse, Rote-Bete-Topping und Käsebröckchen darauf anrichten.
Zum Abschluss mit Olivenöl beträufeln und nach Geschmack mit Salz und Pfeffer würzen.

INDISCHE JASMINREIS-BOWL

Für 4 Personen

200 g roher Jasminreis
  (entspricht etwa 500 g gegartem Reis)
125 g fester Tofu, in kleine Stücke geschnitten
125 ml servierfertige vegane grüne Currysauce
1 mittelgroße Aubergine, in Würfel geschnitten, gebraten und gewürzt
½ Weißkohl, Strunk entfernt, Blätter in Streifen geschnitten und gebraten
2 EL Reisessig
1 kleine Handvoll Koriandergrün, Blätter abgezupft
Olivenöl
Salz und frisch gemahlener schwarzer Pfeffer

Rezept

Den Reis nach Packungsangabe garen und auf Schüsseln verteilen. Tofustücke, Currysauce, Auberginenwürfel und Kohlstreifen auf dem Reis anrichten. Mit Essig beträufeln und mit Korianderblättern bestreuen.
Zum Abschluss etwas Olivenöl über die Bowls geben und nach Geschmack mit Salz und Pfeffer würzen.

FOODIE BOWL

Für 4 Personen

200 g roher Vollkornreis
  (entspricht etwa 600 g gegartem Reis)
2 reife Mangos, das Fruchtfleisch in kleine Stücke geschnitten
2 reife Avocados, das Fruchtfleisch in kleine Stücke geschnitten
125 ml Tahin-Sauce (siehe Seite 32)
Olivenöl
1 kleine Handvoll Basilikum, Blätter abgezupft
Harissa (scharfe Gewürzpaste)
Kokosnuss-Chutney (siehe Seite 20)
Salz und frisch gemahlener schwarzer Pfeffer

schmeckt das ganze Jahr

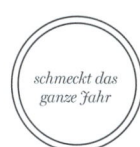

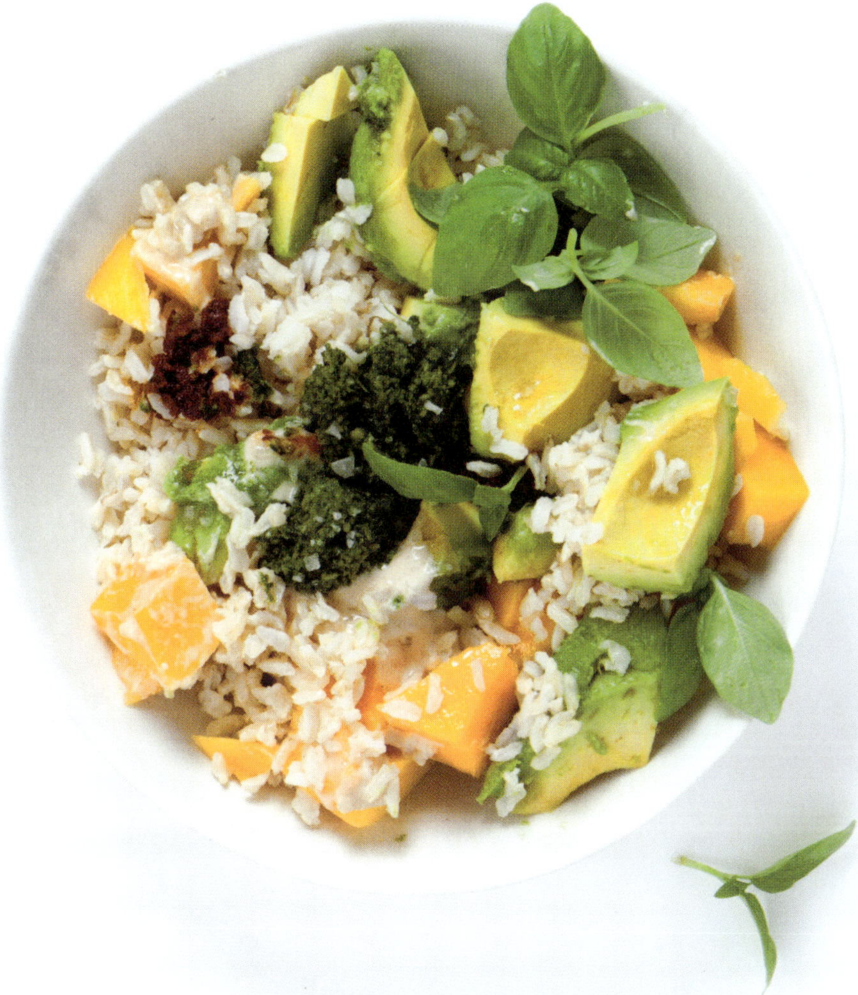

Rezept

Den Reis nach Packungsangabe garen und auf Schüsseln verteilen. Mango- und Avocadostücke auf dem Reis anrichten und Tahin-Sauce darüberlöffeln. Mit Olivenöl beträufeln und nach Geschmack mit Salz und Pfeffer würzen. Vor dem Servieren mit Basilikumblättern bestreuen und nach Geschmack Harissa und Chutney darübergeben.

THALI-BOWL

Für 4 Personen

200 g roher weißer Reis (entspricht 500 g gegartem Reis)

1 Prise Safranfäden

1 kleiner Blumenkohl (500 g), in Röschen zerteilt und gebraten

125 g ausgelöste grüne Erbsen (von etwa 400 g Erbsenschoten), blanchiert

125 g Mango-Chutney

1 kleine Handvoll Kräuter (z.B. Koriander, glatte Petersilie oder Dill), die Blätter abgezupft

4 Papadams (hauchdünne indische Linsenfladen), geröstet

89

Rezept

Den Reis nach Packungsangabe garen, dabei die Safranfäden mit ins Wasser geben.
Den gegarten Safranreis auf Schüsseln verteilen. Blumenkohlröschen, Erbsen, Mango-
Chutney, Kräuterblätter und geröstete Papadams auf dem Reis anrichten.

HÜLSEN-FRÜCHTE
easy gemacht

Hülsenfrüchte sind ein unverzichtbarer Bestandteil der veganen Küche – sie sorgen entscheidend dafür, dass man auch bei einer pflanzlichen Ernährung nicht unter Eiweißmangel leiden muss. In den Rezepten in diesem Kapitel wird zwar jeweils eine bestimmte Hülsenfrucht verwendet, Sie können sie aber problemlos durch eine andere Sorte ersetzen, die Sie gerade zur Hand haben.

SONNENGRUSS-BOWL

92

Für 4 Personen

125 g getrocknete Borlotti-Bohnen (entspricht etwa 300 g gegarten Bohnen)

100 g roher Vollkornreis (entspricht etwa 300 g gegartem Reis)

50 g Grünkohl-Chips (siehe Seite 15)

12 Tomatillos oder Cocktailtomaten, gebraten

1 kleine Handvoll Koriandergrün, Blätter abgezupft

Chilisauce

Salz und frisch gemahlener schwarzer Pfeffer

am besten
von November
bis Februar

Rezept

Bohnen und Reis separat nach Packungsangabe garen und auf Schüsseln verteilen.
Grünkohl-Chips, Tomatillos und Korianderblätter auf Reis und Bohnen anrichten.
Nach Geschmack mit Chilisauce sowie mit Salz und Pfeffer würzen.

GRÜNE LINSEN-BOWL

Für 4 Personen

125 g getrocknete Puy-Linsen (entspricht etwa 200 g gegarten Linsen)

100 g roher Vollkornreis (entspricht etwa 300 g gegartem Reis)

120 g Rucola

2 Avocados, das Fruchtfleisch in Stücke geschnitten

8 Medjoul-Datteln, entsteint, in Streifen geschnitten

125 g Kräuter-Pesto (siehe Seite 18)

Olivenöl

Salz und frisch gemahlener schwarzer Pfeffer

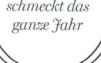

Rezept

Linsen und Reis separat nach Packungsangabe garen und auf Schüsseln verteilen.
Rucolablätter, Avocadostücke und Dattelstreifen auf Linsen und Reis anrichten. Kräuter-Pesto
und etwas Olivenöl darüberträufeln und nach Geschmack mit Salz und Pfeffer würzen.

ASCHRAM-LINSEN-BOWL

Für 4 Personen

125 g getrocknete Puy-Linsen (entspricht etwa 200 g gegarten Linsen)

100 g getrocknete Kichererbsen (entspricht etwa 250 g gegarten Kichererbsen)

2 Zwiebeln, in dicke Ringe geschnitten und weich gebraten

8 Cherry- oder Eiertomaten, halbiert und gebraten

300 g Mango-Chutney

100 g Joghurt aus Kokosnussmilch

1 kleine Handvoll Basilikum, Blätter abgezupft

Olivenöl

Salz und frisch gemahlener schwarzer Pfeffer

Rezept

Linsen und Kichererbsen separat nach Packungsangabe garen und auf Schüsseln verteilen.
Zwiebelringe, Tomatenhälften, Chutney, Joghurt und Basilikum auf Linsen und Kichererbsen anrichten.
Die Bowls mit etwas Olivenöl beträufeln und nach Geschmack mit Salz und Pfeffer würzen.

NAMASTE-MUNGBOHNEN-BOWL

Für 4 Personen

125 g getrocknete
  Mungbohnen
  (entspricht etwa
  300 g gegarten
  Bohnen)
100 g roher Vollkornreis
  (entspricht etwa 300 g
  gegartem Reis)
1 Granatapfel (125 g), Kerne ausgelöst
120 g bitterwürziges Blattgemüse oder Salatblätter
  (z. B. Löwenzahn, Senfblätter, Grünkohl oder Stängelkohl)
140 g Gewürznüsse, grob gehackt
150 g Kokosnuss-Chutney (siehe Seite 20)
Olivenöl
Salz und frisch gemahlener schwarzer Pfeffer

Rezept

Die Bohnen und den Reis separat nach Packungsangabe garen und auf Schüsseln verteilen.
Granatapfelkerne, bitterwürzige Blätter, Gewürznüsse und Kokosnuss-Chutney auf Bohnen und
Reis anrichten. Mit Olivenöl beträufeln und nach Geschmack mit Salz und Pfeffer würzen.

JETLAG-TEMPEH-BOWL

Für 4 Personen

125 g getrocknete Sojabohnen (entspricht etwa 400 g gegarten Bohnen)

225 g mariniertes Tempeh (siehe Seite 24)

300 g ausgelöste grüne Erbsen (von etwa 900 g Erbsenschoten), blanchiert

2 mittelgroße Lauchstangen (300 g), geputzt, in Ringe geschnitten und blanchiert

1 kleine Handvoll Minze, Blätter abgezupft

Meerrettich (aus dem Glas)

Olivenöl

Salz und frisch gemahlener schwarzer Pfeffer

Rezept

Die Sojabohnen nach Packungsangabe garen und auf Schüsseln verteilen. Tempeh, Erbsen,
Lauchringe und Minze auf den Bohnen anrichten und nach Geschmack Meerrettich darübergeben.
Die Bowls mit Olivenöl beträufeln und nach Geschmack mit Salz und Pfeffer würzen.

TEXMEX-BOWL

Für 4 Personen

200 g getrocknete schwarze Bohnen (entspricht etwa 500 g gegarten Bohnen)

300 g kleine gelbe Kürbisse (Patisson-Kürbisse), in Stücke geschnitten und kurz angebraten

50 ml Adobo-Sauce (aus der Dose mit den Chilischoten, siehe Seite 13)

125 g Tortillachips, zerbröckelt

100 g veganer Schmand (siehe Seite 14)

1 Avocado, das Fruchtfleisch in Stücke geschnitten

1 kleine Handvoll Koriandergrün, Blätter abgezupft

Salz und frisch gemahlener schwarzer Pfeffer

Rezept

Die Bohnen nach Packungsangabe garen und auf Schüsseln verteilen.
Kürbisstücke, Adobo-Sauce, Tortillachips, Schmand, Avocado und Korianderblätter auf den Bohnen anrichten. Nach Geschmack mit Salz und Pfeffer würzen.

AVO-KIDNEY-BOWL MIT PAPRIKA

Für 4 Personen

250 g getrocknete Kidneybohnen
   (entspricht etwa 650 g gegarten Bohnen)
180 g Brunnenkresse
2 Avocados, das Fruchtfleisch in Stücke geschnitten
200 g frische Maiskörner, gebraten

180 g geröstete rote Paprikaschoten (aus dem Glas),
   in dünne Streifen geschnitten
180 g Kürbiskerne, geröstet
Olivenöl
Salz und frisch gemahlener schwarzer Pfeffer

Rezept

Die Bohnen nach Packungsangabe garen und auf Schüsseln verteilen. Brunnenkresse,
Avocadostücke, Mais, Paprikasteifen und Kürbiskerne auf den Bohnen anrichten.
Mit Olivenöl beträufeln und nach Geschmack mit Salz und Pfeffer würzen.

LADIES WHO LUNCH BOWL

Für 4 Personen

500 g eingelegte weiße Bohnen (siehe Seite 22)

80 g Grünkohlblätter, in feine Streifen geschnitten

2 kleine Selleriestangen, fein geschnitten

180 g getrocknete Cranberrys

180 g veganer Cashew-Käse (siehe Seite 14)

Zitronenspalten zum Servieren

Salz und frisch gemahlener schwarzer Pfeffer

Rezept

Die Bohnen mit Grünkohl, Sellerie und Cranberrys mischen. Den Mix auf
Schüsseln verteilen, den Cashew-Käse darüberbröckeln und die Bowls nach
Geschmack mit Salz und Pfeffer würzen. Mit den Zitronenspalten servieren.

TAPAS

Für 4 Personen

125 g getrocknete Cannellini-Bohnen (entspricht etwa 300 g gegarten Bohnen)

100 g roher weißer Reis (entspricht etwa 250 g gegartem Reis)

1 große Handvoll Pimiento-de-Padrón-Paprikaschoten, gebraten, bis die Haut Blasen wirft

120 ml Romesco-Sauce (siehe Seite 15)

100 g geröstete gesalzene Mandelkerne, gehackt

70 g veganer Käse, in Scheiben geschnitten

Olivenöl

Salz und frisch gemahlener schwarzer Pfeffer

Rezept

Bohnen und Reis separat nach Packungsangabe garen und auf Schüsseln verteilen.
Gebratene Pimientos, Romesco-Sauce, Mandeln und Käse auf Bohnen und Reis anrichten.
Die Bowls mit etwas Olivenöl beträufeln und nach Geschmack mit Salz und Pfeffer würzen.

ISRAEL-BOWL

Für 4 Personen

250 g getrocknete Puy-Linsen (entspricht etwa 400 g gegarten Linsen)

25 g Minze, Blätter abgezupft

1 mittelgroße Aubergine, klein geschnitten, gebraten und gewürzt

250 g würzige Kichererbsen (siehe Seite 28)

120 ml Joghurt aus Kokosnussmilch

60 ml Granatapfelmelasse

Olivenöl

Salz und frisch gemahlener schwarzer Pfeffer

am besten
im August und
September

Rezept

Die Linsen nach Packungsangabe garen und auf Schüsseln verteilen. Minze, Auberginen-
stücke, würzige Kichererbsen, Joghurt und Granatapfelmelasse auf den Linsen anrichten.
Die Bowls mit etwas Olivenöl beträufeln und nach Geschmack mit Salz und Pfeffer würzen.

MIDSUMMER BOHNEN-BOWL

Für 4 Personen

500 g eingelegte weiße Bohnen
  (siehe Seite 22)

225 g mariniertes Tempeh (siehe Seite 24)

2 kleine Zucchini (280 g), in Scheiben geschnitten
  und kurz angebraten

1 Bund Mangold oder Regenbogen-Mangold (225 g),
  die Blätter in dünne Streifen geschnitten

Saft von 1 Zitrone

Olivenöl

Salz und frisch gemahlener schwarzer Pfeffer

*am besten
von Juni bis
September*

113

Rezept

Die Bohnen auf Schüsseln verteilen. Tempeh und Zucchinischeiben auf den Bohnen
anrichten. Den Mangold mit Zitronensaft mischen und in die Bowls geben. Alles mit
etwas Olivenöl beträufeln und nach Geschmack mit Salz und Pfeffer würzen.

YOGI-LINSEN-BOWL

Für 4 Personen

250 g getrocknete Puy-Linsen (entspricht etwa
  400 g gegarten Linsen)

4 mittelgroße Karotten (250 g), mit einem Sparschäler in breite Streifen abgezogen

180 g Kichererbsensprossen

150 g Zuckerschoten, blanchiert

80 g Kokosnuss-Chutney (siehe Seite 20)

1 kleine Handvoll Koriandergrün, Blätter abgezupft

Olivenöl

Salz und frisch gemahlener schwarzer Pfeffer

Rezept

Die Linsen nach Packungsangabe garen und auf Schüsseln verteilen. Karottenstreifen,
Kichererbsensprossen, Zuckerschoten, Chutney und Korianderblätter auf den Linsen anrichten.
Die Bowls mit etwas Olivenöl beträufeln und nach Geschmack mit Salz und Pfeffer würzen.

ADZUKI-BOWL

Für 4 Personen

180 g getrocknete Adzukibohnen (entspricht etwa 450 g gegarten Bohnen)

125 g getrocknete Belugalinsen (entspricht etwa 200 g gegarten Linsen)

600 g Butternusskürbis, geschält, Kerne entfernt, in Würfel geschnitten und gebraten

150 g grüne Bohnen, geputzt und blanchiert

60 ml Miso-Dressing (siehe Seite 34)

40 g eingelegter Ingwer

Olivenöl

Salz und frisch gemahlener schwarzer Pfeffer

Rezept

Adzukibohnen und Linsen separat nach Packungsangabe garen und auf Schüsseln verteilen. Kürbiswürfel und grüne Bohnen auf Adzukibohnen und Linsen anrichten, mit Miso-Dressing beträufeln und die Bowls mit eingelegtem Ingwer garnieren. Mit etwas Olivenöl beträufeln und nach Geschmack mit Salz und Pfeffer würzen.

POTPOURRI-BOHNEN-BOWL

Für 4 Personen

200 g getrocknete Borlotti-Bohnen
   (entspricht etwa 500 g gegarten Bohnen)
400 g Pastinaken, geschält, in längliche Spalten geschnitten
   und knusprig gebraten
120 g Grünkohl, kurz gebraten
180 ml Joghurt aus Kokosnussmilch
100 g Haselnusskerne, geröstet
60 g getrocknete Kokos-Chips, geröstet
1 kleine Handvoll Thymianzweige, Blättchen abgezupft
Olivenöl
Salz und frisch gemahlener schwarzer Pfeffer

Rezept

Die Bohnen nach Packungsangabe garen und auf Schüsseln verteilen. Pastinaken, Grünkohl,
Joghurt, Haselnüsse und Kokos-Chips auf den Bohnen anrichten und mit Thymian bestreuen.
Die Bowls mit etwas Olivenöl beträufeln und nach Geschmack mit Salz und Pfeffer würzen.

DOLLYS BOWL

Für 4 Personen

200 g getrocknete Augenbohnen
  (entspricht 500 g gegarten Bohnen)
2 EL Olivenöl zzgl. etwas zum Beträufeln
250 g Okraschoten, Stiele und trockene
  Spitzen entfernt, in 2,5 cm große Stücke geschnitten
2 grüne Tomaten, in Spalten geschnitten

3 rote Frühlingszwiebeln oder 1 kleine Zwiebel,
  in dünne Ringe geschnitten
½ TL Chilipulver
1 kleine Handvoll Koriandergrün, Blätter abgezupft
Limettenspalten zum Garnieren
Salz

Rezept

Die Bohnen nach Packungsangabe garen. Das Olivenöl in einer Pfanne erhitzen. Darin die Okraschoten etwa 4 Min. anbraten, bis sie weich, aber nicht schleimig sind. Die Tomaten zugeben und 1–2 Min. mitbraten. Die Mischung mit Chilipulver würzen. Die gegarten Bohnen auf Schüsseln verteilen, den Okra-Tomaten-Mix auf den Bohnen anrichten, die Bowls mit etwas Olivenöl beträufeln und nach Geschmack mit Salz würzen. Mit den Limettenspalten garnieren.

FRIDAY NIGHT BOWL

Für 4 Personen

500 g eingelegte weiße Bohnen (siehe Seite 22)

200 g Artischockenherzen (aus der Dose), abgetropft

175 g dünne grüne Spargelstangen, gebraten

125 g Friséesalatblätter

½ Salzzitrone, fein gehackt

1 kleine Handvoll Rosmarin, gebraten

Olivenöl

Salz und frisch gemahlener schwarzer Pfeffer

Rezept

Die weißen Bohnen auf Schüsseln verteilen. Darauf die Artischockenherzen, Spargel-stangen und Friséeblätter anrichten. Mit Zitronenstückchen und Rosmarin bestreuen und mit etwas Olivenöl beträufeln. Nach Geschmack mit Salz und Pfeffer würzen.

LINSENGARTEN-BOWL

Für 4 Personen

250 g getrocknete Puy-Linsen (entspricht etwa 400 g gegarten Linsen)

250 g violetter Blumenkohl, die Röschen fein gehackt

180 g Salatgurke, in kleine Würfel geschnitten

120 g Kräuter-Pesto (siehe Seite 18)

300 g Cocktailtomaten, halbiert

1 kleine Handvoll Basilikum, Blätter abgezupft

180 ml Joghurt aus Kokosnussmilch

Olivenöl

Salz und frisch gemahlener schwarzer Pfeffer

Rezept

Die Linsen nach Packungsangabe garen. Blumenkohl, Gurkenwürfel und Pesto
gründlich vermischen. Die gegarten Linsen auf Schüsseln verteilen. Cocktailtomaten,
Blumenkohl-Gurken-Mix, Basilikumblätter und Joghurt auf den Linsen anrichten.
Die Bowls mit etwas Olivenöl beträufeln und nach Geschmack mit Salz und Pfeffer würzen.

ORIENTALISCHE BOWL

Für 4 Personen

200 g getrocknete Favabohnen
  (entspricht etwa 500 g gegarten Bohnen)
2 rote Zwiebeln, in Ringe geschnitten und karamellisiert
250 g würzige Kichererbsen (siehe Seite 28)
180 g veganer Schmand (siehe Seite 14)
50 g Pistazien, geschält, Kerne gehackt
15 g Dill, gehackt
½ TL Sumach (orientalisches Gewürz mit säuerlich-herbem Geschmack)
Olivenöl
Salz und frisch gemahlener schwarzer Pfeffer

schmeckt das ganze Jahr

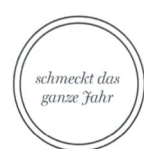

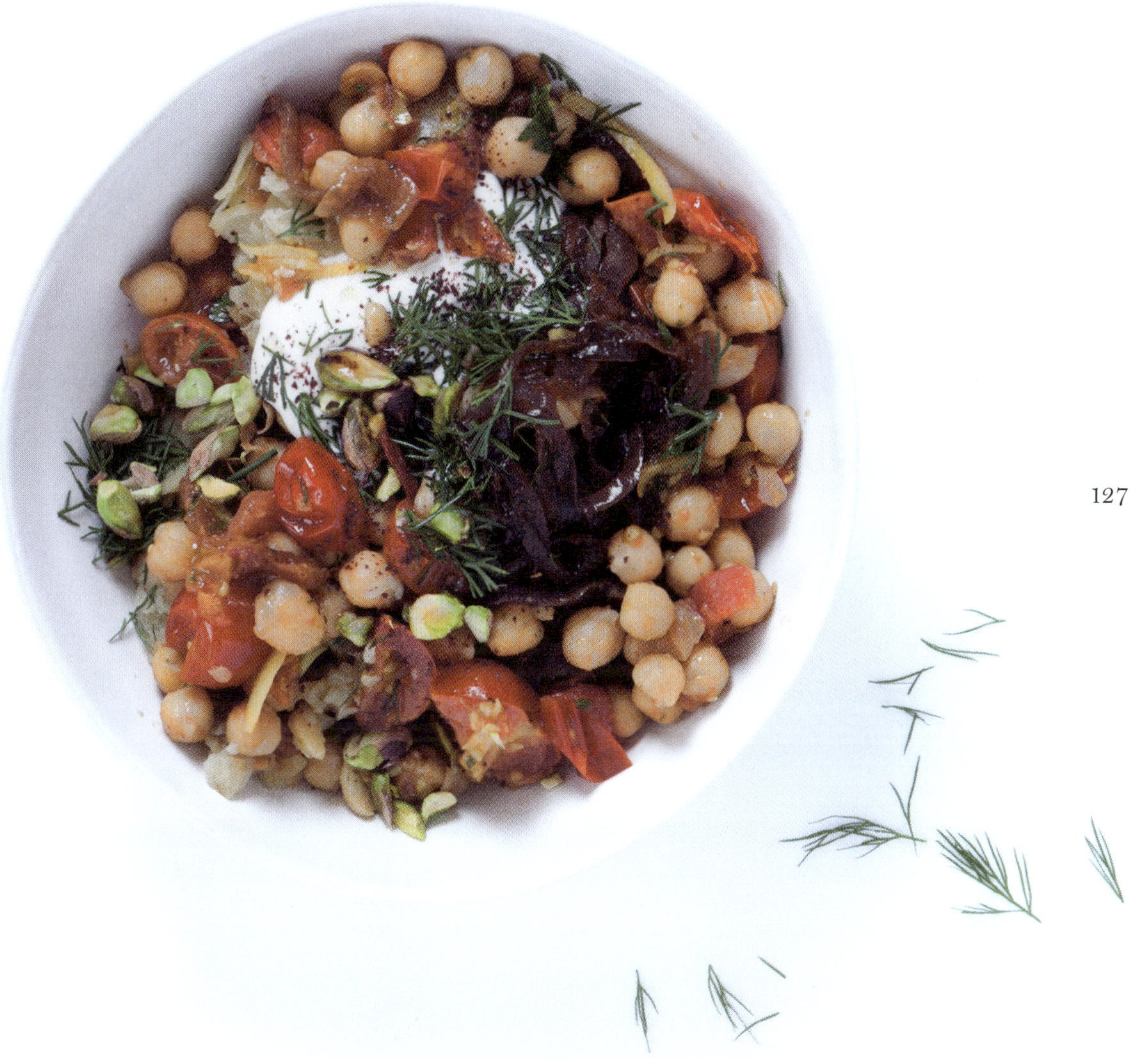

Rezept

Die Bohnen nach Packungsangabe garen und auf Schüsseln verteilen. Zwiebelringe, Kichererbsen, Schmand und Pistazien auf den Bohnen anrichten und mit Dill garnieren. Mit Sumach bestreuen und mit etwas Olivenöl beträufeln. Nach Geschmack mit Salz und Pfeffer würzen.

LEICHTER-LEBEN-BOWL

Für 4 Personen

250 g getrocknete Mungbohnen
  (entspricht etwa 600 g gegarten Bohnen)
150 g Rote Bete, geschält und in dünne Scheiben geschnitten
150 g Karotten, geschält und in dünne Scheiben geschnitten
125 g Kohlrabi, geschält und in dünne Scheiben geschnitten
125 ml Kurkuma-Sauce (siehe Seite 36)
1 kleine Handvoll Minze, Blätter abgezupft
Olivenöl
Zitronenhälften zum Servieren
Salz und frisch gemahlener schwarzer Pfeffer

schmeckt
von Juni
bis Oktober

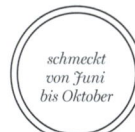

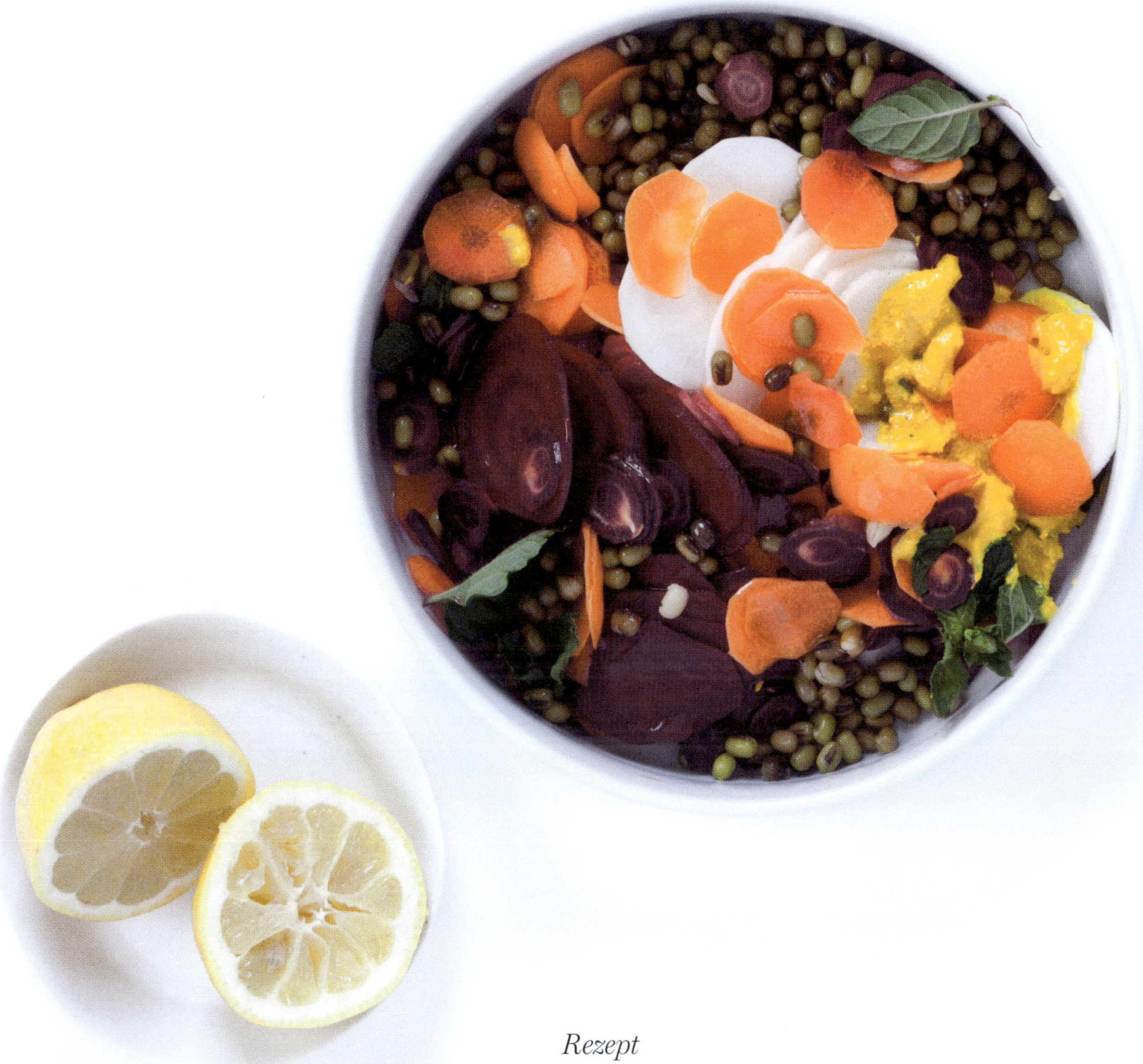

Rezept

Die Bohnen nach Packungsangabe garen und auf Schüsseln verteilen. Rote-Bete-, Karotten- und Kohlrabischeiben auf den Bohnen anrichten. Mit Kurkuma-Sauce beträufeln und mit Minze bestreuen. Etwas Olivenöl darüberträufeln und nach Geschmack mit Salz und Pfeffer würzen. Die Bowls mit den Zitronenhälften servieren.

GIRL'S NIGHT

130

Für 4 Personen

8 frische Aprikosen, halbiert und entkernt, gebraten

½ TL Zatar (arabische Gewürzmischung)

200 g getrocknete Kichererbsen (entspricht etwa 500 g gegarten Kichererbsen)

125 ml Tahin-Sauce (siehe Seite 32)

125 g grüne Oliven, entsteint und gehackt

80 g Kokosnuss-Chutney (siehe Seite 20)

1 kleine Handvoll Oregano, Blättchen abgezupft

Olivenöl

Salz und frisch gemahlener schwarzer Pfeffer

Rezept

Die gebratenen Aprikosenhälften mit der Zatar-Gewürzmischung bestreuen. Die Kichererbsen nach Packungsangabe garen, dann mit der Tahin-Sauce vermischen. Den Mix auf Schüsseln verteilen. Darauf Aprikosenhälften, Oliven und Chutney anrichten und mit Oregano bestreuen. Die Bowls mit etwas Olivenöl beträufeln und nach Geschmack mit Salz und Pfeffer würzen.

DIE ULTIMATIVE BOHNEN-BOWL

Für 4 Personen

125 g getrocknete Cannellini-Bohnen (entspricht etwa 300 g gegarten Bohnen)

100 g roher schwarzer Reis (entspricht etwa 350 g gegartem Reis)

120 g Mangold, kurz angebraten

100 g Austernpilze, gebraten

1 große Handvoll gemischte Stangenbohnen, blanchiert und klein geschnitten

120 ml Kräuter-Pesto (siehe Seite 18)

Olivenöl

Salz und frisch gemahlener schwarzer Pfeffer

*am besten
von Juni bis
September*

Rezept

Die Cannellini-Bohnen und den Reis separat nach Packungsangabe garen und auf Schüsseln
verteilen. Mangold, Austernpilze, Stangenbohnen und Pesto auf Bohnen und Reis anrichten.
Die Bowls mit etwas Olivenöl beträufeln und nach Geschmack mit Salz und Pfeffer würzen.

SHAVASANA-BOWL

Für 4 Personen

200 g roher roter Reis
  (entspricht etwa 600 g gegartem Reis)
250 g Meeresalgen mit Sesam und Tamari (siehe Seite 26)
200 g Mungbohnensprossen
150 g Tofu, in Würfel geschnitten
60 ml Miso-Dressing (siehe Seite 34)
1 kleine Handvoll gemischte Kräuter (z.B. Basilikum, Koriander und Dill), Blätter abgezupft
Olivenöl
Salz und frisch gemahlener schwarzer Pfeffer

Rezept

Den Reis nach Packungsangabe garen und auf Schüsseln verteilen.
Meeresalgen, Sprossen und Tofuwürfel auf dem Reis anrichten, Miso-
Dressing darüberlöffeln und die Bowls mit Kräutern garnieren. Mit etwas
Olivenöl beträufeln und nach Geschmack mit Salz und Pfeffer würzen.

SCHWARZE-BOHNEN-BOWL MIT REISWAFFELN

Für 4 Personen

200 g getrocknete schwarze Bohnen (entspricht etwa 500 g gegarten Bohnen)

2 Zwiebeln, in dicke Ringe geschnitten und weich gebraten

270 g Zucchini (möglichst mit Blüten), längs in Scheiben geschnitten und kurz angebraten

40 g Reiswaffeln, zerbröckelt

10 g Basilikum, Blätter abgezupft

10 g Minze, Blätter abgezupft

Olivenöl

Salz und frisch gemahlener schwarzer Pfeffer

Rezept

Die Bohnen nach Packungsangabe garen und auf Schüsseln verteilen. Darauf Zwiebelringe,
Zucchinischeiben und -blüten (falls verwendet) sowie Reiswaffeln anrichten und die Bowls mit Basilikum
und Minze garnieren. Etwas Olivenöl darüberträufeln und nach Geschmack mit Salz und Pfeffer würzen.

JIU-JITSU-BOWL

Für 4 Personen

200 g getrocknete Adzukibohnen
   (entspricht etwa 500 g gegarten Bohnen)
150 g Auberginen, klein geschnitten,
   gebraten und gewürzt
100 g Pak Choi oder Baby-Pak-Choi (Senfkohl),
   klein geschnitten und gedämpft
60 ml Miso-Dressing (siehe Seite 34)
100 g Wasabi-Erbsen
125 g Erbsengrün (grüne Erbsensprossen)
Salz und frisch gemahlener schwarzer Pfeffer

Rezept

Die Bohnen nach Packungsangabe garen. Auberginen und Pak Choi mit der Hälfte
des Miso-Dressings vermischen. Die gegarten Bohnen auf Schüsseln verteilen, das Gemüse
darauf anrichten und mit dem restlichen Dressing beträufeln. Die Bowls mit Wasabi-Erbsen
und Erbsengrün garnieren und nach Geschmack mit Salz und Pfeffer würzen.

GETREIDE
easy gemacht

Getreide ist derzeit eines der angesagtesten Lebensmittel
(Reis gehört natürlich ebenfalls dazu, wird hier aber in einem
eigenen Kapitel behandelt). Ob gemahlen, als Grieß oder
ganze Körner: Getreide hat die Wertschätzung auf jeden Fall
verdient, denn sein mildes, nussiges Aroma sorgt für wahre
Geschmackswunder in den Bowls!

SOMMERSALAT-COUSCOUS-BOWL

142

Für 4 Personen

200 g roher Perl-Couscous
  (kugel- oder reisförmige Weizennudeln,
  auch Ptitim oder Israeli Couscous genannt;
  entspricht 400 g gegartem Perl-Couscous)
400 g neue Kartoffeln, gegart und in Spalten geschnitten
200 g Cocktailtomaten, halbiert
80 g Sonnenblumenkerne, geröstet
125 g Gewürzgurken, klein geschnitten
1 kleine Handvoll Minze, Blätter abgezupft
Olivenöl
Salz und frisch gemahlener schwarzer Pfeffer

Rezept

Den Perl-Couscous nach Packungsangabe garen und auf Schüsseln verteilen. Darauf Kartoffelspalten,
Tomatenhälften, Sonnenblumenkerne und Gurkenstücke anrichten und mit Minzeblättern bestreuen.
Die Bowls mit etwas Olivenöl beträufeln und nach Geschmack mit Salz und Pfeffer würzen.

CASHEW-QUINOA-BOWL

Für 4 Personen

200 g rote oder weiße Quinoa
 (entspricht etwa 400 g gegarter Quinoa)
120 g Grünkohl, in dünne Streifen geschnitten
400 g Blumenkohl, die Röschen klein gehackt
50 g Korinthen
Saft von 1 Zitrone

100 g Cashewkerne, geröstet und gehackt
½ TL Sumach (orientalisches Gewürz
 mit säuerlich-herbem Geschmack)
Olivenöl
Salz und frisch gemahlener schwarzer Pfeffer

Rezept

Die Quinoa nach Packungsangabe garen. Grünkohlstreifen, Blumenkohlstückchen
und Korinthen mit dem Zitronensaft mischen und mit Salz und Pfeffer abschmecken.
Die gegarte Quinoa auf Schüsseln verteilen. Darauf den Kohl-Korinthen-Mix und die
Cashewnüsse anrichten. Die Bowls mit Sumach bestreuen und mit etwas Olivenöl beträufeln.

HERBSTLICHE WEIZEN-BOWL

Für 4 Personen

200 g Weizenkörner (entspricht etwa 400 g gegartem Weizen)

2 EL Olivenöl zzgl. etwas zum Beträufeln

2 Knoblauchzehen, in dünne Scheiben geschnitten

150 g geröstete Maronen, klein geschnitten

200 g bitterwürzige Salatblätter (z. B. Rucola)

1 kleiner Eichelkürbis (450 g), halbiert, Kerne entfernt, in Spalten geschnitten und gebraten

Salz und frisch gemahlener schwarzer Pfeffer

am besten
von September
bis November

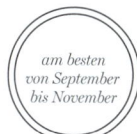

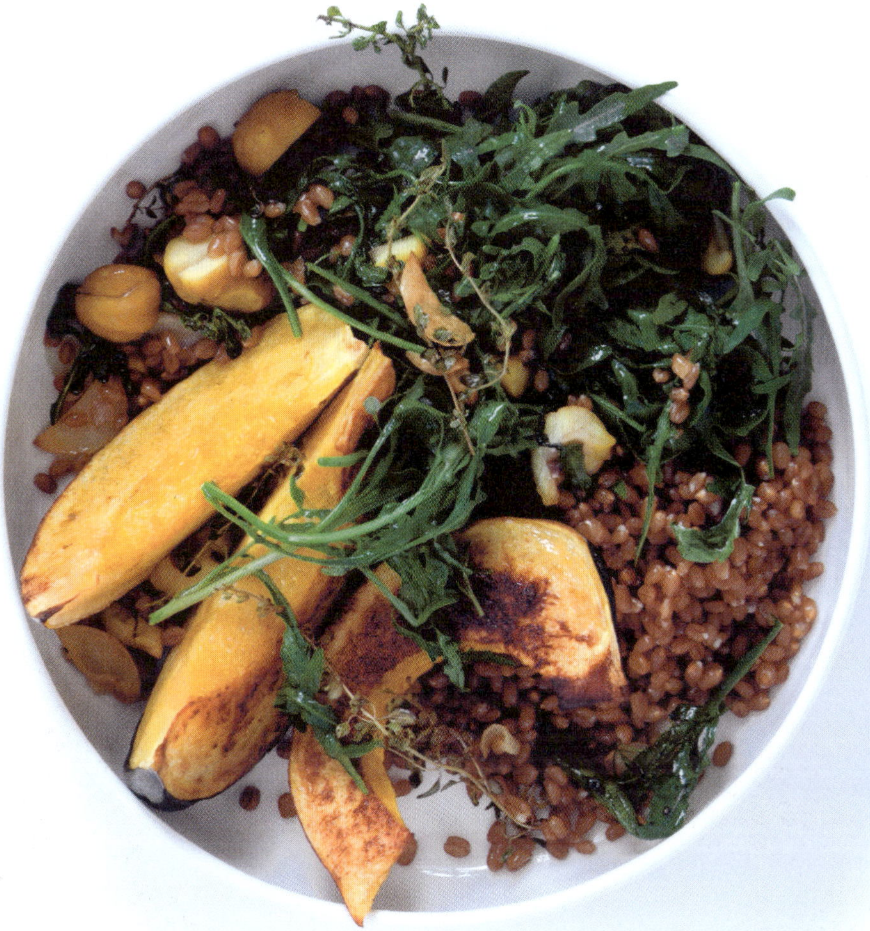

Rezept

Die Weizenkörner nach Packungsangabe garen. Das Olivenöl in einer großen Pfanne erhitzen und darin die Knoblauchscheiben gerade eben goldgelb braten. Maronenstücke und Salatblätter hinzufügen und garen, bis die Blätter zusammengefallen sind. Die gegarten Weizenkörner auf Schüsseln verteilen und darauf die Kürbisspalten sowie den Maronen-Rucola-Mix anrichten. Die Bowls mit Olivenöl beträufeln und nach Geschmack mit Salz und Pfeffer würzen.

MAIS-QUINOA-BOWL

Für 4 Personen

200 g weiße Quinoa, (entspricht etwa 400 g
   gegarter Quinoa)

200 g Tofu, in Würfel geschnitten

1 Maiskolben (200 g), gegrillt, die Körner vom
   Kolben geschnitten

8 kleine Eiertomaten, halbiert und gebraten

2 geringelte Rote Beten (Tonda di Chioggia),
   geschält und in dünne Scheiben geschnitten

65 ml Kräuter-Pesto (siehe Seite 18)

1 kleine Handvoll Basilikum, Blätter abgezupft
Olivenöl

Salz und frisch gemahlener schwarzer Pfeffer

Rezept

Die Quinoa nach Packungsangabe garen und auf Schüsseln verteilen.
Tofuwürfel, Maiskörner, Tomatenhälften, Rote-Bete-Scheiben und Pesto
darauf anrichten und mit Basilikum garnieren. Die Bowls mit etwas
Olivenöl beträufeln und nach Geschmack mit Salz und Pfeffer würzen.

AVO-QUINOA-BOWL MIT FEIGEN

Für 4 Personen

200 g schwarze Quinoa
(entspricht etwa 400 g
gegarter Quinoa)

300 g Pastinaken, geschält,
in sehr dünne Scheiben
geschnitten und knusprig geröstet

100 g getrocknete Feigen, geröstet

100 g Grünkohl, in dünne Streifen geschnitten

1 Avocado, das Fruchtfleisch in Stücke geschnitten

10 g Koriandergrün, Blätter abgezupft

125 ml Hummus (siehe Seite 30)

Olivenöl

Harissa (scharfe Gewürzpaste)

Salz und frisch gemahlener schwarzer Pfeffer

Rezept

Die Quinoa nach Packungsangabe garen und auf Schüsseln verteilen. Pastinakenchips, Feigen, Grünkohlstreifen, Avocado, Korianderblätter und Hummus darauf anrichten. Die Bowls mit Olivenöl beträufeln, nach Geschmack Harissa dazugeben und mit Salz und Pfeffer würzen.

GEMÜSE-HIRSE-BOWL

Für 4 Personen

200 g Hirse (entspricht etwa 400 g gegarter Hirse)

300 g Pastinaken, geschält, in sehr dünne Scheiben
  geschnitten und geröstet

1 Avocado, das Fruchtfleisch in Stücke geschnitten

50 g gesalzene Mandelkerne, gehackt

½ Salzzitrone, in dünne Scheiben geschnitten

1 kleine Handvoll gemischte Kräuter
  (z.B. Minze, Oregano und Petersilie), Blätter abgezupft

Olivenöl

Salz und frisch gemahlener schwarzer Pfeffer

Rezept

Die Hirse nach Packungsangabe garen und auf Schüsseln verteilen. Pastinakenchips, Avocadostücke, Mandeln und Zitronenscheiben auf der Hirse anrichten und mit Kräutern garnieren.
Die Bowls mit etwas Olivenöl beträufeln und nach Geschmack mit Salz und Pfeffer würzen.

YIN-YANG-BOWL

Für 4 Personen

200 g Soba-Nudeln (japanische Buchweizennudeln)

100 g gemischte Pilze, kurz angebraten

200 g Pak Choi (Senfkohl), klein geschnitten und gedämpft

120 g Meeresalgen mit Sesam und Tamari (siehe Seite 26)

Wasabi-Erbsen zum Garnieren

Rezept

Die Nudeln nach Packungsangabe garen und auf Schüsseln verteilen. Pilze, Pak Choi
und Meeresalgen auf den Nudeln anrichten und mit Wasabi-Erbsen bestreuen.

ORIENTALISCHE COUSCOUS-BOWL

Für 4 Personen

150 g Couscous (entspricht etwa 400 g gegartem Couscous)

250 g würzige Kichererbsen (siehe Seite 28)

8 Dolmades (gefüllte Weinblätter)

180 ml Joghurt aus Kokosnussmilch

1 kleine Handvoll Minze, Blätter abgezupft

Olivenöl

Rezept

Den Couscous nach Packungsangabe garen und auf Schüsseln verteilen.
Würzige Kichererbsen, Dolmades und Joghurt auf dem Couscous anrichten,
mit Minzeblättern garnieren und die Bowls mit Olivenöl beträufeln.

SOHO BOWL

Für 4 Personen

200 g weiße Quinoa
  (entspricht etwa 400 g gegarter Quinoa)
100 g frische Spinatblätter
2 kleine unbehandelte Süßkartoffeln (500 g),
  ungeschält, in Scheiben geschnitten und gebraten

1 mittelgroße Aubergine, gewürfelt, gebraten und gewürzt
8 Datteltomaten, halbiert und gebraten
60 g veganer Cashew-Käse (siehe Seite 14), zerbröckelt
Olivenöl
Salz und frisch gemahlener schwarzer Pfeffer

Rezept

Die Quinoa nach Packungsangabe garen, mit dem Spinat mischen und auf Schüsseln verteilen.
Darauf Süßkartoffelscheiben, Auberginenwürfel, Tomatenhälften und Cashew-Käse anrichten.
Die Bowls mit Olivenöl beträufeln und nach Geschmack mit Salz und Pfeffer würzen.

ROSENKOHL-GRÜNKERN-BOWL

160

Für 4 Personen

250 g Rosenkohl, gebraten

¼ TL Currypulver

200 g Grünkern (entspricht etwa 400 g gegartem Grünkern)

125 g getrocknete Puy-Linsen (entspricht etwa 200 g gegarten Linsen)

125 ml Kurkuma-Sauce (siehe Seite 36)

25 g getrocknete Kokos-Chips, geröstet

10 g Koriandergrün, Blätter abgezupft

Olivenöl

Salz und frisch gemahlener schwarzer Pfeffer

Rezept

Den gebratenen Rosenkohl mit Currypulver würzen. Grünkern und Linsen separat nach Packungsangabe garen und auf Schüsseln verteilen. Darauf Rosenkohl, Kurkuma-Sauce und Kokos-Chips anrichten und mit Korianderblättern garnieren. Die Bowls mit etwas Olivenöl beträufeln und nach Geschmack mit Salz und Pfeffer würzen.

BUNTE AMARANT-BOWL

Für 4 Personen

200 g Amarant
 (entspricht etwa 400 g gegartem Amarant)
1 kleiner Blumenkohl (500 g),
 die Röschen gebraten
125 g gemischte Oliven, entsteint und gehackt
150 g Karotten, im Ganzen gebraten
50 g Rote-Bete-Topping (siehe Seite 38)
Olivenöl
Blattamarant zum Garnieren (ersatzweise ein
 mildes Küchenkraut wie Kerbel verwenden)
Salz und frisch gemahlener schwarzer Pfeffer

Rezept

Den Amarant nach Packungsangabe garen und auf Schüsseln verteilen. Darauf Blumen-kohlröschen, Oliven, Karotten und Rote-Bete-Topping anrichten. Die Bowls mit Olivenöl beträufeln, nach Geschmack mit Salz und Pfeffer würzen und mit Blattamarant garnieren.

MEKKA-BOWL

Für 4 Personen

200 g Grünkern
  (entspricht etwa 400 g gegartem Grünkern)

60 g frische Spinatblätter

Saft und fein abgeriebene Schale von 1 unbehandelten Orange

250 g Topinambur, klein geschnitten und gebraten

100 g Haselnusskerne, geröstet und gehackt

200 g frische Feigen, in Spalten geschnitten

Olivenöl

Salz und frisch gemahlener schwarzer Pfeffer

Rezept

Den Grünkern nach Packungsangabe garen und auf Schüsseln verteilen. Den Spinat mit Orangensaft und -schale mischen. Topinambur, Haselnüsse und Spinat auf dem Grünkern anrichten und mit Feigenspalten garnieren. Die Bowls mit etwas Olivenöl beträufeln und nach Geschmack mit Salz und Pfeffer würzen.

QUINOA-BOWL KALIFORNISCH

166

Für 4 Personen

200 g schwarze Quinoa
  (entspricht etwa 400 g
  gegarter Quinoa)

2 Avocados, das Fruchtfleisch
  klein geschnitten

120 g Salatgurke, in feine Stifte geschnitten

300 g Kohlrabi, geschält, in dünne Scheiben geschnitten

50 ml Miso-Dressing (siehe Seite 34)

100 g Kürbiskerne

10 g Sesamsamen

Olivenöl

am besten von Mai bis Oktober

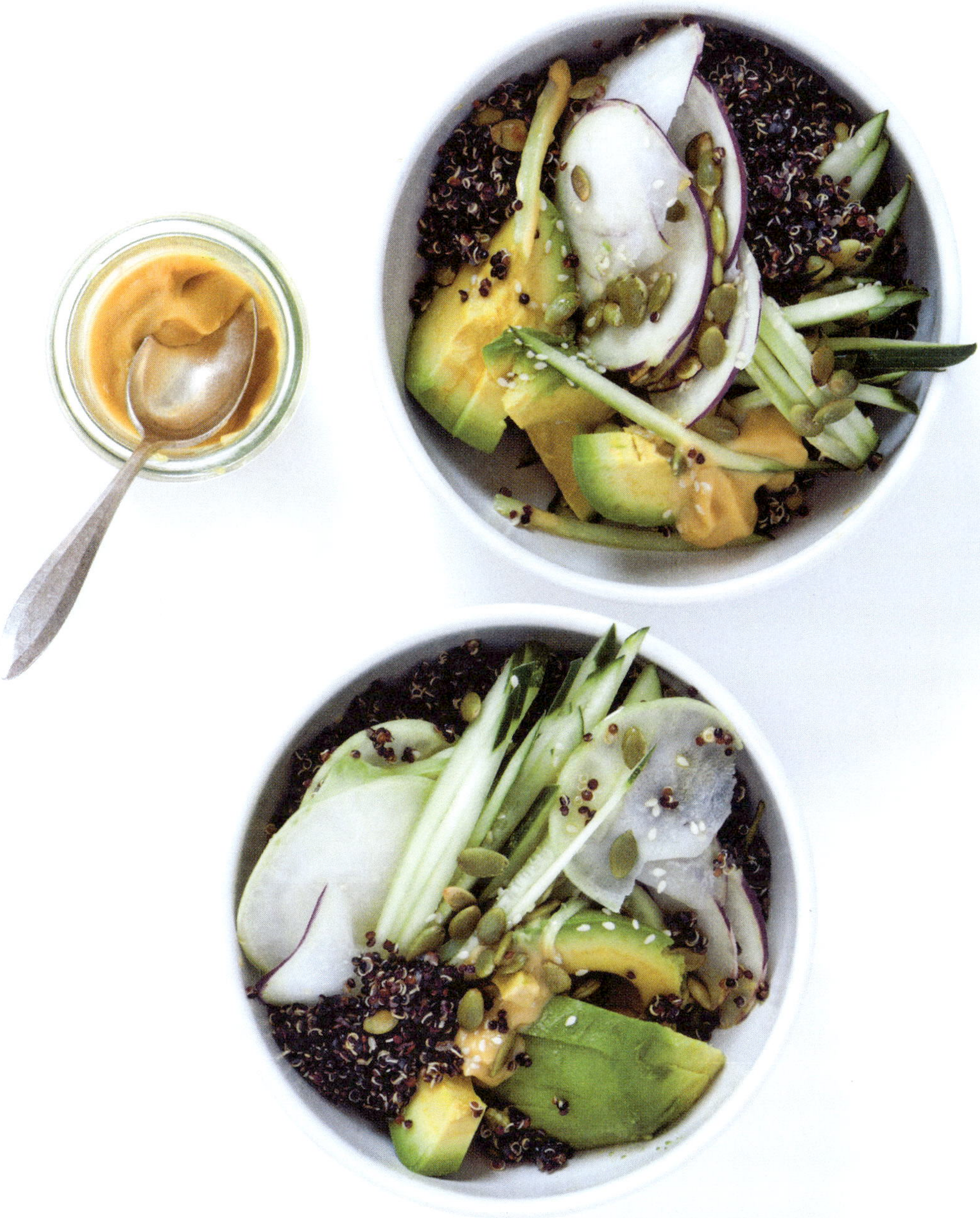

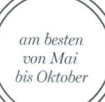

Rezept

Die Quinoa nach Packungsangabe garen und auf Schüsseln verteilen. Avocadostücke, Gurkenstifte und Kohlrabischeiben darauf anrichten, Miso-Dressing darübergeben, mit Kürbiskernen sowie Sesamsamen bestreuen und mit etwas Olivenöl beträufeln.

GELB-ORANGE HIRSE-BOWL

Für 4 Personen

200 g Hirse (entspricht etwa 400 g gegarter Hirse)
½ mittelgroßer Butternusskürbis (400 g), geschält,
   Kerne entfernt, in Würfel geschnitten und gebraten
8 gemischte Tomaten (z.B. schwarze Tomaten und
   Cocktailtomaten), halbiert und gebraten

150 g gelbe Bohnen, blanchiert und klein geschnitten
60 ml Kurkuma-Sauce (siehe Seite 36)
Olivenöl
10 g Basilikum, Blätter abgezupft
Salz und frisch gemahlener schwarzer Pfeffer

Rezept

Die Hirse nach Packungsangabe garen und auf Schüsseln verteilen. Kürbiswürfel, Tomaten-hälften, gelbe Bohnen und Kurkuma-Sauce darauf anrichten. Die Bowls mit etwas Olivenöl beträufeln, nach Geschmack mit Salz und Pfeffer würzen und mit Basilikum garnieren.

SIZILIANISCHE DINKEL-BOWL

Für 4 Personen

200 g Dinkel (entspricht etwa 400 g gegartem Dinkel)

2 EL Olivenöl

2 kleine Radicchio, Strunk entfernt, in Spalten geschnitten

50 g helle Rosinen oder Sultaninen

100 g gesalzene Mandelkerne, gehackt

1 EL Aceto balsamico

½ Salzzitrone, in feine Streifen geschnitten

2 EL feine Kapern, abgetropft

Salz und frisch gemahlener schwarzer Pfeffer

Rezept

Den Dinkel nach Packungsangabe garen. Das Olivenöl in einer großen Pfanne erhitzen und darin die Radicchiospalten braten, bis die Blätter gerade eben zusammengefallen sind. Dann Rosinen und Mandeln 1 Min. mitbraten. Den Essig zugeben und aufkochen lassen. Den gegarten Dinkel auf Schüsseln verteilen und den Radicchio-Mix darauf anrichten. Die Bowls mit Zitronenstreifen sowie Kapern bestreuen und nach Geschmack mit Salz und Pfeffer würzen.

POWER BOWL

Für 4 Personen

200 g Weizenkörner
   (entspricht etwa 400 g
   gegartem Weizen)
300 g Steckrüben, geschält,
   in Würfel geschnitten und gebraten
200 g Tofu, in Stücke geschnitten
120 g Rote-Bete-Topping (siehe Seite 38)
100 g bitterwürzige Salatblätter oder Blattgemüse
   (z. B. Rucola, Mizuna oder Senfblätter), kurz angebraten
70 g Walnusskerne, geröstet
Olivenöl
Salz und frisch gemahlener schwarzer Pfeffer

Rezept

Die Weizenkörner nach Packungsangabe garen und auf Schüsseln verteilen. Rübenwürfel, Tofustücke, Rote-Bete-Topping, bitterwürzige Blätter und Walnüsse auf dem Weizen anrichten.
Die Bowls mit etwas Olivenöl beträufeln und nach Geschmack mit Salz und Pfeffer würzen.

FRÜHLINGS-POLENTA-BOWL

Für 4 Personen

120 g Polenta (Maisgrieß)

200 g Löwenzahnblätter, kurz angebraten

200 g ausgelöste grüne Erbsen (von etwa 600 g
  Erbsenschoten), blanchiert

60 ml Kräuter-Pesto (siehe Seite 18)

30 g Pinienkerne, geröstet

½ Salzzitrone, fein gehackt

Salz und frisch gemahlener schwarzer Pfeffer

Rezept

Die Polenta nach Packungsangabe garen und auf Schüsseln verteilen. Löwenzahnblätter, Erbsen, Kräuter-Pesto und Pinienkerne auf der Polenta anrichten und mit Zitronen-stückchen bestreuen. Die Bowls nach Geschmack mit Salz und Pfeffer würzen.

SUNSHINE HIRSE-BOWL

Für 4 Personen

200 g Hirse (entspricht etwa 400 g
  gegarter Hirse)

1 Maiskolben, in Scheiben geschnitten und gegrillt

180 g Cocktailtomaten

150 g Tofu, in Würfel geschnitten

80 ml Kokosnuss-Chutney (siehe Seite 20)

10 g Basilikum, Blätter abgezupft

80 g Kürbiskerne, geröstet

Olivenöl

Salz und frisch gemahlener schwarzer Pfeffer

Rezept

Die Hirse nach Packungsangabe garen und auf Schüsseln verteilen. Mais, Tomaten, Tofuwürfel und Chutney auf der Hirse anrichten, mit Basilikumblättern und Kürbiskernen bestreuen.
Die Bowls mit etwas Olivenöl beträufeln und nach Geschmack mit Salz und Pfeffer würzen.

ZITRUS-HIRSE-BOWL

Für 4 Personen

200 g Hirse (entspricht etwa 400 g
  gegarter Hirse)
200 g mariniertes Tempeh (siehe Seite 24)
2 kleine Grapefruits, geschält und weiße Innenhaut
  entfernt, in dicke Scheiben geschnitten
1 Avocado, das Fruchtfleisch in Spalten geschnitten
50 g Radieschensprossen
Chilipulver
Olivenöl
Salz und frisch gemahlener schwarzer Pfeffer

Rezept

Die Hirse nach Packungsangabe garen und auf Schüsseln verteilen. Tempehstücke, Grapefruitscheiben, Avocadospalten und Radieschensprossen auf der Hirse anrichten. Die Bowls jeweils mit 1 Prise Chilipulver bestreuen und mit etwas Olivenöl beträufeln. Nach Geschmack mit Salz und Pfeffer würzen.

CAMPINGURLAUB-BOWL

Für 4 Personen

200 g Bulgur (entspricht etwa 400 g gegartem Bulgur)

100 g kleine getrocknete Feigen, halbiert

1 große oder 2 kleine Süßkartoffeln, im Ofen
  weich geröstet, geschält und in Stücke geschnitten

120 ml Joghurt aus Kokosnussmilch

75 g geröstete Kichererbsen

10 g glatte Petersilie, Blätter fein gehackt

1 EL Harissa (scharfe Gewürzpaste)

Olivenöl

Salz und frisch gemahlener schwarzer Pfeffer

Rezept

Den Bulgur nach Packungsangabe garen und auf Schüsseln verteilen. Feigenhälften, Süßkartoffelstücke, Joghurt und Kichererbsen darauf anrichten, mit Petersilie bestreuen und Harissa daraufgeben. Die Bowls mit Olivenöl beträufeln und nach Geschmack mit Salz und Pfeffer würzen.

EDLE KAMUT-GRANATAPFEL-BOWL

Für 4 Personen

200 g Kamutkörner (alte Weizenart;
  entspricht etwa 400 g gegartem Kamut)

300 g Brokkoli, in Röschen zerteilt und blanchiert

1 kleine Fenchelknolle, in feine Streifen geschnitten

125 g Granatapfelkerne

120 ml Tahin-Sauce (siehe Seite 32)

60 g Grünkohl-Chips (siehe Seite 15)

40 g Kokos-Chips, geröstet

Olivenöl

Salz und frisch gemahlener schwarzer Pfeffer

Rezept

Den Kamut nach Packungsangabe garen und auf Schüsseln verteilen. Brokkoliröschen,
Fenchelstreifen, Granatapfelkerne, Tahin-Sauce, Grünkohl- und Kokos-Chips darauf anrichten.
Die Bowls mit etwas Olivenöl beträufeln und nach Geschmack mit Salz und Pfeffer würzen.

REGENBOGEN-MANGOLD-BOWL

Für 4 Personen

200 g Weizenkörner (entspricht 400 g gegartem Weizen)

1 EL Kokosöl

200 g Kartoffeln, geschält, klein gewürfelt und weich gegart

20 g Dill, gehackt

150 g Regenbogen-Mangold, die Blätter in Streifen geschnitten und kurz angebraten

150 g Lauch, in Ringe geschnitten und kurz angebraten

Salz und frisch gemahlener schwarzer Pfeffer

Rezept

Die Weizenkörner nach Packungsangabe garen. Das Kokosöl in einer großen Pfanne erhitzen und darin die Kartoffelwürfel knusprig braten. Mit Dill bestreuen und 1–2 Min. weiterbraten. Die gegarten Weizenkörner auf Schüsseln verteilen und darauf Dill-Kartoffeln, Mangoldstreifen und Lauchringe anrichten. Die Bowls nach Geschmack mit Salz und Pfeffer würzen.

MORGENTAU-BOWL

Für 4 Personen

200 g rote Quinoa
  (entspricht etwa 400 g gegarter Quinoa)
2 Süßkartoffeln (400 g), geschält,
  in Scheiben geschnitten und gebraten
250 g Rosenkohl, halbiert und gebraten
120 ml Joghurt aus Kokosnussmilch

180 g Shiitake-Pilze, Stiele entfernt, die Hüte
  in Scheiben geschnitten und kurz angebraten
80 g Gewürznüsse
10 g glatte Petersilienblätter
Olivenöl
Salz und frisch gemahlener schwarzer Pfeffer

Rezept

Die Quinoa nach Packungsangabe garen und auf Schüsseln verteilen. Süßkartoffeln, Rosenkohl, Kokosjoghurt, Pilze und Nüsse darauf anrichten und mit Petersilienblättern bestreuen.
Die Bowls mit etwas Olivenöl beträufeln und nach Geschmack mit Salz und Pfeffer würzen.

BULGUR-BLUMENKOHL-BOWL MIT DATTELN

Für 4 Personen

200 g Bulgur (entspricht etwa 400 g gegartem Bulgur)

300 g Blumenkohl, in dicke Scheiben geschnitten und gebraten

150 g Tofu, in Stücke geschnitten

50 g Walnusskerne, geröstet

25 g glatte Petersilie, die Blätter fein gehackt

60 g Medjoul-Datteln, entsteint, in Streifen geschnitten

25 g Harissa (scharfe Gewürzpaste)

Olivenöl

Salz und frisch gemahlener schwarzer Pfeffer

Rezept

Den Bulgur nach Packungsangabe garen und auf Schüsseln verteilen. Gebratenen Blumenkohl,
Tofu, Walnüsse, Petersilie und Dattelstreifen auf dem Bulgur anrichten und Harissa dazugeben.
Die Bowls mit etwas Olivenöl beträufeln und nach Geschmack mit Salz und Pfeffer würzen.

REGISTER

190

DANKSAGUNG

Danke, Catie Ziller, dass Sie es mir ermöglicht haben, dieses Buch zu schreiben, und dass Sie mir bei der Zusammenstellung der Kapitel so geduldig geholfen haben – ich hatte einen Wahnsinnsspaß bei dem Projekt! Kathy Steer, Sie sind einfach nur wunderbar – obwohl uns Zeitzonen trennen, werden meine E-Mails immer innerhalb von Sekunden beantwortet. Danke für all Ihre Hilfe und Unterstützung! Ich weiß, dass noch viele andere Leute bei Marabout an diesem Buch mitgewirkt haben – ein riesengroßes Dankeschön an alle! Hier vor Ort geht mein Dank an die liebe, nette Beatriz da Costa für ihre wundervollen Fotos und ihren fabelhaften Kaffee. Danke auch an Pia Moore, Claire Matern und Denise Ginley – ich liebe eure unglaubliche Energie und euren Humor! Und danke an meine fantastische Familie – we did it!

© 2017 Neuer Umschau Buchverlag für die deutsche Ausgabe

Titel der französischen Originalausgabe
Vegan Bowls. Pret à cuisiner
© Hachette-Livre (Marabout), Paris 2017

Texte
Frances Boswell
Fotografie
Beatriz da Costa
Chefredaktion
Laura Kirschbacher, Neustadt an der Weinstraße
Übersetzung aus dem Englischen
Jutta Schiborr, Brüssel
Lektorat, Redaktion
Karen Dengler, Werkstatt München
Satz
Anja Dengler, Werkstatt München
Umschlaggestaltung
Tina Defaux, Neustadt an der Weinstraße

Printed in China
978-3-86528-809-7